"十四五"职业教育国家规划教材

管理会计
学习指导、习题与项目实训
（第五版）

GUANLI KUAIJI XUEXI ZHIDAO XITI YU XIANGMU SHIXUN

新准则 新税率

主　编　单祖明
副主编　邵敬浩　陈宣君

新形态教材

本书另配：参考答案
　　　　　微课视频

中国教育出版传媒集团
高等教育出版社·北京

内容提要

本书为"十四五"职业教育国家规划教材。

全书按主教材项目顺序编写，共分为十个项目。各项目内容安排大体相同，包括：① 学习指导：由学习目的与要求、重难点问题、内容提要三部分组成；② 习题：由名词解释、判断题、单项选择题、多项选择题和简答题组成；③ 项目实训（除项目一、项目九）；④ 案例。为了利教便学，部分学习资源（如教学视频）以二维码形式提供在相关内容旁，可扫描获取。此外，本书另配有教学课件、习题参考答案等教学资源，供教师使用。

本书适合作为高等职业院校财务会计类专业的教学用书，还可作为社会从业人士的参考用书。

图书在版编目(CIP)数据

管理会计学习指导、习题与项目实训 / 单祖明主编．—5 版．—北京：高等教育出版社，2022.7（2024.1 重印）
ISBN 978-7-04-058105-8

Ⅰ.①管… Ⅱ.①单… Ⅲ.①管理会计—高等职业教育—教学参考资料 Ⅳ.①F234.3

中国版本图书馆 CIP 数据核字(2022)第 024807 号

| 策划编辑 | 毕颖娟　钱力颖 | 责任编辑 | 钱力颖 | 封面设计 | 张文豪 | 责任印制 | 高忠富 |

出版发行	高等教育出版社	网　　址	http://www.hep.edu.cn
社　　址	北京市西城区德外大街 4 号		http://www.hep.com.cn
邮政编码	100120	网上订购	http://www.hepmall.com.cn
印　　刷	江苏德埔印务有限公司		http://www.hepmall.com
开　　本	787mm×1092mm　1/16		http://www.hepmall.cn
印　　张	6.75	版　　次	2022 年 7 月第 5 版
字　　数	141 千字		2003 年 4 月第 1 版
购书热线	010-58581118	印　　次	2024 年 1 月第 5 次印刷
咨询电话	400-810-0598	定　　价	23.00 元

本书如有缺页、倒页、脱页等质量问题，请到所购图书销售部门联系调换
版权所有　侵权必究
物　料　号　58105-A0

第五版前言

本书是邵敬浩主编的"十四五"职业教育国家规划教材《管理会计》(第五版)的配套用书。

与主教材同步，本配套用书各版本先后于 2003 年、2007 年、2014 年、2018 年出版，出版以后深受高职院校师生的欢迎。此次按照新的管理会计政策与理论，我们对主教材进行了修订再版，根据党的二十大精神融入育人元素，也对其配套用书进行了修改与完善。

在编写上，我们充分考虑了高等职业教育人才培养模式和教学的特点，使本书内容既有一定的管理会计基础理论，又有管理会计实务，实用性强。全书按主教材内容顺序编写，对学习指导、习题及案例进行了修订与更新，尤其对原习题中的计算分析题进行了修改与补充，以项目实训的形式进行了编排，以加强对学生实践能力的培养。本书既可作为高等职业院校"管理会计"课程的配套用书，也可作为各类高等成人教育和培训的教学用书。

本书在前四版的基础上，由单祖明、邵敬浩和陈宣君完成了全书十个项目的修订，在修订过程中得到了高等教育出版社的大力支持，在此表示感谢。

由于水平有限，书中难免存在欠妥之处，敬请读者批评指正。

编　者

目 录

001	**项目一**	**管理会计认知**
001	学习指导	
001	习题	
003	案例	
005	**项目二**	**变动成本法运用**
005	学习指导	
006	习题	
009	项目实训	
012	案例	
016	**项目三**	**营运管理**
016	学习指导	
016	习题	
020	项目实训	
023	案例	
029	**项目四**	**预测分析**
029	学习指导	
029	习题	
031	项目实训	
033	案例	
036	**项目五**	**预算管理**
036	学习指导	

037	习题	
039	项目实训	
041	案例	
046	**项目六**	**生产经营决策**
046	学习指导	
046	习题	
051	项目实训	
054	案例	
056	**项目七**	**长期投资决策**
056	学习指导	
056	习题	
060	项目实训	
063	案例	
067	**项目八**	**成本控制**
066	学习指导	
067	习题	
070	项目实训	
073	案例	
076	**项目九**	**战略与风险管理**
076	学习指导	
077	习题	
083	案例	
086	**项目十**	**责任会计与绩效管理**
086	学习指导	
087	习题	
090	项目实训	
092	案例	
095	**主要参考文献**	

项目一　管理会计认知

学习指导

一、学习目的与要求

通过本项目学习,学生应了解有关管理会计的基本理论,明确什么是管理会计,管理会计的产生和发展,以及管理会计与财务会计的关系等基本理论知识,同时也应熟悉管理会计职业道德的相关内容,为以后各项目的学习奠定基础。

二、重、难点问题

(1) 管理会计的定义。
(2) 管理会计与财务会计的异同。
(3) 管理会计职业道德的特征、作用和内容。

管理会计含义

三、内容提要

管理会计是现代会计的两大分支之一,是现代会计的重要组成部分。本项目的内容包括:管理会计的定义;管理会计的作用;管理会计的产生和发展;管理会计的职能和内容;管理会计与财务会计的关系;管理会计职业道德的特征、作用和内容。

习　题

一、名词解释

管理会计　预测决策会计　规划控制会计　责任会计　管理会计职业道德

二、判断题

1. 管理会计的最终目标是提高企业的经济效益。　　　　　　　　　　　(　　)
2. 管理会计着重控制现在和预测未来,有时也评价过去。　　　　　　　(　　)

3. 管理会计受会计准则、会计制度的制约,同时企业也可根据管理的实际情况和需要确定。（ ）
4. 管理会计和财务会计具有截然不同的服务对象。（ ）
5. 管理会计侧重于为投资者服务。（ ）
6. 管理会计是随着经济的发展而产生和发展的。（ ）
7. 管理会计职业道德是规范管理会计师行为的基础。（ ）

三、单项选择题

1. 现代会计中两个并列的重要领域是_____。
   A. 管理会计与决策会计　　　　B. 财务会计与责任会计
   C. 财务会计与管理会计　　　　D. 决策会计与责任会计
2. 管理会计对企业的经济活动进行规划和控制,主要利用_____。
   A. 财务会计信息　B. 业务信息　C. 计划信息　D. 统计信息
3. 财务会计应用的数学方法一般只涉及_____。
   A. 初等数学　　B. 运筹学　　C. 数理统计学　　D. 回归分析法
4. 管理会计的服务对象侧重于_____。
   A. 投资者　　B. 债权人　　C. 企业管理人员　　D. 政府
5. 现代管理会计的核心是_____。
   A. 决策控制　　B. 预算控制　　C. 业绩计量　　D. 成本核算
6. 下列关于管理会计的描述中,正确的是_____。
   A. 管理会计在执行内部管理职能时,只能利用财务会计提供的资料
   B. 管理会计无须满足财务会计的信息质量特征
   C. 管理会计在满足公认会计准则及相关法律的基础上可根据管理需求提供其他的报告
   D. 管理会计的信息计量可以把货币性计量与非货币性计量相结合
7. 管理会计职业道德主要从职业认知和价值观、_____、达成业绩的努力程度这三个维度对管理会计师提出要求。
   A. 诚信　　B. 能力　　C. 廉洁　　D. 专业技能

四、多项选择题

1. 管理会计在现代企业中的作用有_____。
   A. 进行预测分析　　　　B. 提供管理信息
   C. 直接参与决策　　　　D. 实行业绩考评
   E. 计算产品成本
2. 对管理会计的迅速发展具有重要作用的理论和方法有_____。
   A. 运筹学　　B. 泰罗制　　C. 行为科学　　D. 目标管理
   E. 心理学

3. 管理会计的基本内容可概括为_____。
 A. 预测决策　　　B. 规划未来　　　C. 评价过去　　　D. 控制现在
 E. 提供信息
4. 管理会计的基本职能有_____。
 A. 规划　　　　　B. 评价　　　　　C. 控制
 D. 确保资源的有效利用　　　　　E. 参与经济决策
5. 现代管理会计的内容有_____。
 A. 预测决策会计　B. 规划控制会计　C. 财务会计　　　D. 责任会计
 E. 预算会计
6. 管理会计的会计主体可以为_____。
 A. 整个企业　　　B. 销售部门　　　C. 生产车间　　　D. 个人
 E. 企业的主管部门
7. 管理会计职业道德的特征为_____。
 A. 实践性　　　　B. 职业性　　　　C. 规划性
 D. 公众利益的符合性　　　　　　E. 行业性

五、简答题

1. 管理会计是怎样形成和发展的？
2. 管理会计的职能是什么？
3. 管理会计与财务会计之间有何区别和联系？
4. 东海公司有一位刚从财务会计工作转入管理会计工作的会计人员王某，对于管理会计知识不甚了解。以下是他对管理会计提出的个人观点：
（1）管理会计与财务会计的职能一样，主要是核算和监督，对相关人员的利益进行协调。
（2）管理会计与财务会计是截然分开的，无任何联系。
（3）管理会计报告要在会计期末以报表的形式上报。
（4）管理会计的信息质量特征与财务会计的信息质量特征完全不同。
（5）在提供管理会计信息时可以完全不用考虑成本效益原则。
（6）与财务会计一样，管理会计同样提供货币性信息。
（7）一个管理会计师可以将手中掌握的信息资料随意提供给他人。
要求：评价上述观点正确与否，并进行分析。

案　　例

案例1-1

一家生产电子配件的公司正面临着激烈的市场竞争，公司总裁对于公司的不良业绩、高额的保证成本以及客户对送货不满的投诉感到担心。为此,公司已经采取了相应的措施,例如:新设立一个质量保证部门,实施"高质量保证"的产品质量改进计划,试图向顾客进行质量承诺。为了扩大销售,公司还给予几家大客户价格折扣。但是,公司的这一系列举措没有收到预期的效果,公司的产品仍然有质量问题,财务业绩仍然不佳。咨询顾问发现,该公司存在如下问题:第一,公司的会计信息系统没有提供有关客户盈利能力、产品盈利能力和产品质量成本的相关信息,会计信息系统仍然按照财务会计的要求来计划产品成本,这给管理当局的决策造成了误导,在他们看来公司销售的是看上去利润丰厚但实际上利润微薄的产品。由于缺乏质量成本信息,管理者无法对产品的质量进行监督和评价,也就无法达到质量控制的目标。第二,公司的各部门之间缺乏沟通,特别是销售部门和生产部门。销售部门为了扩大销售,不断接受过多的订单,生产部门总是无法及时完成这些订单,结果客户转向了其他制造商。生产部门的目标是不断降低产品成本,由于按传统的成本计算系统,产量越多,成本越低,而且公司的设备生产不同产品转换成本较高,生产部门为了控制成本,总是在大批量生产完一种产品后再转向另一种产品,这样就造成了某些产品的存货过多,而其他产品的存货供不应求的局面。

问题:
　　结合上述案例,谈谈管理会计信息在企业中的作用。
案例资料来源:
　　林涛,管理会计学习指导与练习,厦门大学出版社。

项目二　变动成本法运用

学　习　指　导

一、学习目的与要求

通过本项目的学习,学生应了解成本的各种分类方法,能按照成本性态原理灵活运用多种方法对混合成本进行分解,掌握这些方法的特点与适用范围;应了解变动成本法和全部成本法的特点,掌握变动成本法和全部成本法计算利润的过程;应通过变动成本法和全部成本法的比较,了解变动成本法的优点及局限性。

二、重、难点问题

(1) 成本按成本性态的分类。
(2) 混合成本的各种分解方法。
(3) 变动成本法和全部成本法的具体应用及评价。

三、内容提要

财务会计传统上按经济职能把成本划分为制造成本和非制造成本两类,这种成本分类方法在成本管理中有明显的不足。管理会计将成本按性态分为变动成本、固定成本和混合成本,这三种成本都是相对于成本总额而言的,即:变动成本总额会随着业务量的增减而增减,但单位变动成本则是固定的;固定成本是指成本总额在一定时期和一定业务量范围内,不会随业务量变化而变化,保持固定不变的成本,但单位固定成本却是变动的。

混合成本的分解有高低点法、散布图法和回归直线法等几种方法,各种分解方法的适用范围有所不同。

变动成本法只将变动性生产成本计入产品成本,因此变动成本法和全部成本法计算出的净利润往往不同。变动成本法的业绩评价方法具有全部成本法所不具备的优点,但也有一定的局限性。

习 题

一、名词解释

成本性态　变动成本　固定成本　混合成本　约束性固定成本　酌量性固定成本　半变动成本　半固定成本　延期变动成本　曲线变动成本　直接观察法　合同确认法　高低点法　散布图法　回归直线法　变动成本法　全部成本法

二、判断题

1. 在相关范围内，固定成本总额和单位固定成本均具有不变性。（　）
2. 管理者短期决策行为影响酌量性固定成本而不影响约束性固定成本。（　）
3. 与散布图法相比，高低点法计算更简便、更易理解、更科学。（　）
4. 间接人工是指为生产提供劳务而不直接进行产品制造的人工成本，如企业管理人员的工资。（　）
5. 制造成本就是制造费用。（　）
6. 管理成本和销售成本属于非制造成本。（　）
7. 成本按其性态可分为制造成本和非制造成本。（　）
8. 由于高低点法只考虑高点与低点的业务量及对应的成本，因此其准确性可能不高。（　）
9. 贡献毛益减去固定制造费用就是利润。（　）
10. 在全部成本法下，固定生产成本全部计入期末存货成本。（　）
11. 按全部成本法确定的营业净利润也可能等于按变动成本法确定的营业净利润。（　）
12. 在利用散布图法时，成本变动趋势直线与纵轴的交点为半变动成本的固定成本部分。（　）
13. 利用回归直线法分解半变动成本的结果最为精确。（　）
14. 变动成本法计算的产品成本小于全部成本法计算的产品成本。（　）
15. 变动成本法下的期末产成品和在产品估价必然高于全部成本法下的估价。（　）
16. 当本期生产量等于销售量时，按全部成本法确定的净收益等于按变动成本法计算的净收益。（　）
17. 当本期生产量大于销售量时，按全部成本法确定的净收益小于按变动成本法计算的净收益。（　）
18. 全部成本法所提供的资料能较好地符合企业生产经营的实际情况，易于被管理部门理解和掌握。（　）
19. 变动成本法所提供的每种产品盈利能力的资料，有利于管理人员的决策

分析。（　　）
20. 变动成本法所提供的成本资料可以适应长期决策的需要。（　　）

三、单项选择题

1. 管理会计将全部成本区分为固定成本和变动成本两部分，其区分的依据是_____。
   A. 成本性态　　　　　　　　　B. 成本职能
   C. 成本的经济用途　　　　　　D. 成本的可控性

2. 管理会计中的混合成本可以用直线方程 $y=a+bx$ 来模拟，其中 bx 表示_____。
   A. 固定成本　　　　　　　　　B. 单位变动成本
   C. 变动成本总额　　　　　　　D. 单位固定成本

3. 在相关范围内，单位变动成本_____。
   A. 随业务量增加而增加　　　　B. 随业务量增加而减少
   C. 不随业务量发生增减变动　　D. 在不同的产量水平各不相同

4. 在进行成本性态分析时，历史资料分析法中最为简便易行的方法是_____。
   A. 直接分析法　　　　　　　　B. 高低点法
   C. 散布图法　　　　　　　　　D. 回归分析法

5. 研究开发费、广告费和职工培训费属于_____。
   A. 约束性固定成本　　　　　　B. 酌量性固定成本
   C. 半变动成本　　　　　　　　D. 以上均不对

6. 在变动成本法下，本期销货成本等于_____。
   A. 本期发生的产品成本
   B. 单位生产成本×本期销售量
   C. 单位变动生产成本×本期销售量
   D. 存货成本＋本期发生的产品成本

7. 下列各项中，计入当期损益的_____水平差异是使变动成本法与全部成本法分期营业利润出现差异的根本原因。
   A. 变动生产成本　　　　　　　B. 固定制造费用
   C. 销售收入　　　　　　　　　D. 期间费用

8. 当业务量增加时，固定成本一定_____。
   A. 增加　　　　　　　　　　　B. 减少
   C. 保持不变　　　　　　　　　D. 以上都不对

9. 在平面直角坐标图上，固定成本线是一条_____。
   A. 以单位变动成本为斜率的直线　B. 反比例曲线
   C. 平行于 x 轴的直线　　　　　D. 平行于 y 轴的直线

10. 下列资料中，_____可用于高低点法的分析。
A. 成本与业务量为非同期数据的资料　　B. 有相等时间间隔的资料
C. 受到偶然因素干扰的资料　　D. 以上都不对

四、多项选择题

1. 固定成本具有_____的特点。
A. 成本总额不变　　B. 单位成本反比例变动
C. 成本总额正比例变动　　D. 单位成本不变

2. 下列属于非制造成本的有_____。
A. 车间管理人员工资　　B. 期间成本
C. 库存产成品保险费　　D. 运输车辆折旧费
E. 行政办公用房折旧费

3. 变动成本法的理论依据有_____。
A. 产品成本只应包括变动生产成本　　B. 产品成本只应包括生产成本
C. 固定生产成本应作为期间成本处理　　D. 制造费用应作为期间成本处理

4. 下列属于混合成本分解方法的有_____。
A. 高低点法　　B. 差量分析法
C. 散布图法　　D. 回归分析法

5. 下列有关变动成本法的论述正确的有_____。
A. 变动成本法产生于20世纪30年代的美国
B. 提供的产品成本信息不符合对外报告的要求
C. 提供的资料不适合长期决策的需要
D. 能提供科学反映成本与业务量之间、利润与销售量之间有关量的变化规律的信息

6. 假定固定成本总额、单价和单位变动成本均保持不变，下列情况中，变动成本法和全部成本法计算的税前利润相等的有_____。
A. 期末存货量等于期初存货量　　B. 期末存货量大于期初存货量
C. 期末存货量小于期初存货量　　D. 前后两期的产量和销量都相等

五、简答题

1. 什么是成本性态？为什么成本要按其性态进行分类？
2. 什么是半变动成本？为什么要对半变动成本进行分解？如何分解？
3. 变动成本法与全部成本法在产品成本组成上的根本区别是什么？并说明其理论依据。
4. 为什么当本期生产量和销售量相等时，按变动成本法和全部成本法所确定的分期损益相同？
5. 变动成本法有何优缺点？

项 目 实 训

项目实训 2-1：混合成本的分解

一、资料

中元公司的维修成本随机器工作小时在相关范围内变动的资料如表 2-1 所示。

表 2-1　　　　　　　　中元公司机器维修成本资料

机器工作/小时	维修成本/元
44	46
46	50
38	40
24	32
24	32
18	30
14	28
22	32
28	34

二、要求

（1）用高低点法将维修成本分解为变动成本和固定成本，并写出维修成本的构成方程。

（2）用回归直线法将维修成本分解为变动成本和固定成本，并写出维修成本的构成方程。

（3）如果下期的机器工作小时预计为 30 小时，分别用以上两种方法预测其维修成本。

项目实训 2-2：成本习性原理的应用

一、资料

某公司 2021 年和 2022 年传统的按完全成本法编制的简略利润表的有关资料，如表 2-2 所示。假定该公司期初、期末无存货，两年的销售单价及成本水平均无变动。

表 2-2　　　　　　　　某公司利润表　　　　　　　　单位：元

项　　目	2021 年度		2022 年度	
	期初	期末	期初	期末
销售收入		200 000		300 000
销售成本				

续 表

项　　目	2021 年度 期初	2021 年度 期末	2022 年度 期初	2022 年度 期末
其中：直接材料	40 000			?
直接人工	50 000			?
变动制造费用	20 000			?
固定制造费用	?	?	?	?
销售毛利		40 000		?
销售和管理费用				
其中：变动部分		?		?
固定部分	14 000	?	?	?
税前利润		10 000		?

二、要求

根据上述表中已知的有关资料，结合成本习性的原理，将利润表中的"?"部分填入正确的数据。

项目实训 2-3：高低点法的应用

一、资料

某工厂将去年 12 个月中的最高业务量与最低业务量及其制造费用总额摘录如下：

摘要	高点（11 月）	低点（4 月）
业务量/机器小时	75 000	50 000
制造费用总额/元	176 250	142 500

上述制造费用总额中包括变动成本、固定成本和混合成本三类。该厂会计部门曾对低点月份业务量为 50 000 机器小时的制造费用总额作了分析，其各类成本的组成情况如下：

变动成本总额	50 000 元
固定成本总额	60 000 元
混合成本总额	32 500 元
制造费用总额	142 500 元

二、要求

（1）采用高低点法将该厂的混合成本分解为变动部分和固定部分，并写出混合成本公式。

（2）若该厂计划期间的生产能力为 65 000 机器小时，计算其制造费用总额。

项目实训 2-4：贡献毛益率的理解与应用

一、资料

四个工厂 2021 年的生产和销售情况如表 2-3 所示。假定每个工厂销售产品的品种都在一种以上。

表 2-3　　　　四个工厂 2021 年的生产和销售情况

案　例	销售收入总额/元	变动成本总额/元	贡献毛益率/%	固定成本总额/元	净利润（或净损失）/元
工厂 1	180 000		40		12 000
工厂 2	300 000	165 000		100 000	
工厂 3			30	80 000	−5 000
工厂 4	400 000	260 000			30 000

二、要求

根据贡献毛益率的实质及其与成本性态的联系，计算有关数据并填入表中空白栏内。

项目实训 2-5：变动成本法和全部成本法的应用

一、资料

某公司本年度只生产和销售一种产品，其产量、售价以及成本的有关资料如下：

生产量为 4 000 件，销售量为 3 500 件，期初存货量为零。单位产品售价为 46 元，直接材料成本为 20 000 元，直接人工成本为 32 000 元，单位变动制造费用为 6 元，固定制造费用为 21 000 元。

二、要求

（1）分别采用变动成本计算法和全部成本计算法计算本年度的期末存货成本。

（2）分别采用变动成本计算法和全部成本计算法编制利润表。

项目实训 2-6：变动成本法和全部成本法的比较及分析

一、资料

某公司只生产一种产品，第一年、第二年的生产量分别为 170 000 件和 140 000 件；销售量分别为 140 000 件和 160 000 件；存货采用先进先出法。每件产品的售价为 5 元，销售税税率为 6%（价外）。制造成本：每件变动成本为 3 元（其中直接材料为 1.30 元，直接人工为 1.50 元，变动制造费用为 0.20 元）；固定制造费用每年发生额为 150 000 元。销售费用：变动销售费用为销售收入的 4%，固定销售费用每年发生额为 50 000 元；管理及财务费用：变动管理及财务费用为销售收入的 1%，固定管理及财务费用每年发生额为 15 000 元。

二、要求

（1）分别采用全部成本法和变动成本法计算各年的税前净利。

（2）分析第一年和第二年采用两种成本法确定税前净利差异的原因。

项目实训 2-7：变动成本法和全部成本法的比较及分析

一、资料

海华公司 2020—2022 年有关的资料如表 2-4 所示。

表 2-4　　　　　　　　海华公司有关资料

摘　　要	2020 年	2021 年	2022 年
产品生产量/件	40 000	45 000	36 000
产品销售量/件	40 000	40 000	40 000
单位产品直接材料/元	4	4	4
单位产品直接人工/元	3	3	3
变动制造费用/元	1	1	1
全年固定制造费用/元	36 000	36 000	36 000
变动销售及管理费用/元	0.5	0.5	0.5
全年固定销售及管理费用/元	10 000	10 000	10 000
单位产品售价/元	10	10	10

存货按先进先出法计价。

二、要求

（1）采用变动成本计算法编制 2020—2022 年三年的利润表。

（2）采用全部成本计算法编制 2020—2022 年三年的利润表，并分析为什么 2020 年与 2021 年销售量相同而税前利润却不同，请验证差异。

（3）比较 2020—2022 年三年中两种成本计算方法计算的税前利润，如有差异，请分析原因，并加以验证。

（4）如果存货计价的方法由先进先出法改为后进先出法，请按全部成本计算法编制 2022 年的利润表，并分析与按先进先出法计价时计算结果不同的原因。

案　　例

案例 2-1

8 月初，东新公司新任营销副总裁石太利在翻阅 7 月份报表时，发现一个令人困惑的问题：7 月份销售收入较 6 月份有大幅度增长，但净利润却较 6 月份减少。石太利知道产品边际贡献并未降低，因此，他认为 7 月份报表可能有误。

石太利就该问题请教了公司会计主管朱威，朱威解释道：由于 7 月份员工休假较多，7 月份产量远较标准产量要低，导致制造费用分摊金额较小，大量的不利差异于 7 月份出账，抵消了因销货收入增加而新增的毛利。将差异完全列入当月利润表的方式为公司既定的政策,上述的产量差异将在年底完全消除。

石太利对会计了解不多,对上述解释觉得有点似懂非懂,他质问朱威为何利润表不能适当反映公司的营运状况。

朱威在离开石太利办公室以后,想起在最近的会计研讨会上,宏远公司会计部门负责人曾提出该公司采用变动成本会计制度,在计算成本时,将固定成本全部视为期间费用,而存货成本仅列入变动生产成本。宏远公司会计部门负责人曾强调,在变动成本会计制度中,净利润仅随销货收入变动而变动,而在全部成本会计制度下,净利润会随销货量及生产量的变动而变动。

朱威打算采用变动成本法重编6月份与7月份的利润表及资产负债表(改编前后对利润表及资产负债表的影响如表2-5和表2-6所示)。

表2-5　　　　　　变动成本法的效果——利润表　　　　　　单位:元

项　目	6月份 全部成本法	6月份 变动成本法	7月份 全部成本法	7月份 变动成本法
销售成本	865 428	865 428	931 710	931 710
销售成本(标准成本)	484 640	337 517	521 758	363 367
标准毛利	380 788	527 911	409 952	568 343
生产成本差异:				
人工	(16 259)	(16 259)	(11 814)	(11 814)
原料	12 416	12 416	8 972	8 972
制造费用数量	1 730		(63 779)	
制造费用开支	3 604	3 604	2 832	2 832
实际毛利	382 279	527 672	346 163	568 333
固定制造费用		192 883		192 883
营业及管理费用	301 250	301 250	310 351	310 351
税前收益	81 029	33 539	35 812	65 099
所得税	26 740	11 000	11 800	21 500
净利润	54 289	22 539	24 012	43 599

说明:括号中数字为不利差异(借方余额)。

表2-6　　　　　　变动成本法的效果——资产负债表　　　　　　单位:元

项　目	6月30日 全部成本法	6月30日 变动成本法	7月31日 全部成本法	7月31日 变动成本法
存货	1 680 291	1 170 203	1 583 817	1 103 016
应交所得税	450 673	205 831	467 863	237 079
保留盈余	3 112 980	2 847 734	3 131 602	2 881 588

然后，朱威将重编的报表报送石太利，石太利看了以后，认为变动成本法才能反映营运状况，因此，要求朱威告诉会计部门负责人，在下次主管会议上，他将提议将成本计算方法改为变动成本法。

在主管会议上，石太利提议供内部使用的月份利润表改用变动成本法，会计部门负责人也赞同此做法。他认为此法亦可免除将制造费用分摊于各项产品的繁复工作，而这些分摊工作常常会造成营运部门主管与会计人员间的争议。会计部门负责人更强调由于利用变动成本法，原料成本、人工成本及变动制造费用与固定制造费用分开，这样更可强化成本控制的功能。

石太利又认为与现行方法相比，采用新方法所计算的边际贡献值对资产负债表的影响更大。

采取不同成本制度，唯一受到影响的资产项目是存货，而在负债及所有者权益项目中，只有应交所得税及保留盈余受到影响。关于个别产品获利能力的比较，石太利举一个例子加以说明。在全部成本法下，东新公司编号129号及243号产品的数据如表2-7所示。

表2-7　　　　全部成本法下129号及243号产品数据

产品	标准生产成本/元	售价/元	单位贡献/元	贡献率/%
129	2.54	4.34	1.80	41.5
243	3.05	5.89	2.84	48.2

从表2-7来看，似乎243号产品的销售更能获利。但在新提议方法下，资料如表2-8所示。

表2-8　　　　变动成本法下129号及243号产品数据

产品	标准生产成本/元	售价/元	单位贡献/元	贡献率/%
129	1.38	4.34	2.96	68.2
243	2.37	5.89	3.52	59.8

显然，表2-8的数据反映出，129号产品的获利能力优于243号产品。

此时，财务部负责人提出他的看法："如果我们采用新方法，而你们销售产品时还是以变动成本加固定成本作为定价，则如何回收固定成本？除此之外，据我多年经验，若对长期性成本缺乏适当控制，极易导致公司经营不善，我反对任何有关成本制度的短期做法。"

公司总裁对于新的方法也有一些顾虑，他认为："在现行制度下，若将6月份及7月份净利润相加，合计为61 000元，但在新方法下，仅为51 000元，虽然从所得税的角度来看，新方法结果较佳，但这恐怕非公司股民及银行所乐意见到的结果，因此，我比较赞同财务部门负责人的看法。我想我们必须在深入了解所有影响后，才能下结论。"

问题：
1. 对于会议中的所有正反双方意见，你有什么看法？有何补充观点？
2. 东新公司是否应该采用变动成本法编制月份利润表？

案例 2-2

某公司只生产和销售 A 产品，原设计生产能力为每年 1 000 台，但由于市场竞争激烈，过去两年中，每年只能生产和销售 500 台。市场销售价格为每台 2 500 元，而该公司的单位产品成本为每台 2 600 元，其详细资料如下：

单位变动生产成本	1 000 元/台
固定制造费用	800 000 元
固定推销及管理费用	250 000 元

该公司已连续两年亏损，去年亏损 300 000 元；若今年不能扭亏为盈，公司势必要破产，形势严峻。

销售部经理认为，问题的关键在于每台产品的制造成本太高，为 2 600 元，但由于竞争的关系，公司不能提高售价，只能按 2 500 元的价格每年销售 500 台。因此，公司的出路只能是请生产部门的工程技术人员想方设法，改进工艺，减少消耗，降低制造成本。

生产部经理认为，问题的关键在于设计生产能力只用了一半，如能充分利用生产能力，就可把单位固定成本降低，这样单位产品成本自然会下降。对策是要推销人员努力多销售，如能每年售出 1 000 台，就一定能扭亏为盈。

总会计师则认为公司目前编制利润表的方法——完全成本计算法，为公司提供了一条扭亏为盈的"捷径"，即：充分利用公司自身的生产能力，一年生产 1 000 台 A 产品。虽然市场上只能销售一半，但公司却可将固定成本的半数转入存货成本，这样即使不增加销售数量，也能使利润表中的利润扭亏为盈。

问题：
1. 根据上述资料，按变动成本计算法编制该公司去年的利润表。
2. 根据总会计师的建议，按完全成本法计算该公司的税前净利，并对该建议进行评价。
3. 请评价生产部经理和销售部经理的意见是否正确。

案例资料来源：
1. 杨文安，管理会计原理与个案，上海财经大学出版社。
2. 林涛，管理会计学习指导与练习，厦门大学出版社。

项目三 营运管理

学习指导

一、学习目的与要求

通过本项目的学习,学生应熟悉营运管理各个阶段的内容,掌握本量利分析的基本数学模型及基本概念,理解本量利分析的作用;应掌握产品保本点的计算与分析;应掌握敏感性分析和边际分析。

二、重、难点问题

(1) 本量利分析的基本数学模型。
(2) 单一产品和多种产品的保本分析。
(3) 敏感性分析。
(4) 边际分析。

三、内容提要

本项目介绍了营运管理的基本内容,分析了成本、业务量、利润三者之间的数量依存关系。通过介绍边际贡献、保本点、安全边际、敏感性分析等内容,为企业预测、决策、规划和控制提供了重要的依据。

习 题

一、名词解释

营运管理　边际贡献　敏感性分析　变动成本率
保本点　安全边际　安全边际率　经营杠杆　保本作业率

二、判断题

1. 本量利分析是以成本性态分析为基础的。　　　　　　　　　　　　(　　)

2. 某一产品达到保本点时的边际贡献刚好等于该产品的固定成本,超过保本点所提供的边际贡献就是该产品的利润。（　　）

3. 企业如果只生产一种产品,保本点既可以用实物量表示,也可以用金额表示。（　　）

4. 安全边际越大,企业经营越安全,亏损的可能性越小。（　　）

5. 在销售收入既定的情况下,固定成本越多,盈亏临界点越低。（　　）

6. 在销售收入既定的情况下,单位变动成本越高,盈亏临界点越高。（　　）

7. 若产品销售单价与单位变动成本同方向同比例变动,则单一品种的产品保本点业务量不变。（　　）

8. 边际贡献率小于零的企业,必然是亏损企业。（　　）

9. 若边际贡献等于固定成本,则企业处于保本状态。（　　）

10. 如变动成本率为60%,固定成本总额为30 000元,则保本销售额为50 000元。（　　）

11. 在多品种情况下,若其他因素不变,只要提高边际贡献率较大的产品销售比重,就可以降低整个企业的综合保本销售额。（　　）

12. 利量式盈亏临界图是各种盈亏临界图中最简单的一种,更易于为企业的管理人员所接受。因为它最直接地表达了销售量与利润之间的关系。（　　）

13. 单一品种情况下,盈亏临界点的销售量随贡献毛益率的上升而上升。（　　）

14. 销售利润率可以通过贡献毛益率和安全边际率相乘求得。（　　）

15. 安全边际率是指安全边际量(额)与保本销售量(额)的比率。（　　）

16. 营运管理就是对企业供、产、销各环节的价值增值管理。（　　）

17. 企业进行营运管理时,应区分计划、实施、检查、总结等四个阶段,形成闭环管理。（　　）

18. 营运管理领域应用的管理会计工具方法,包括变动成本法、边际分析和敏感分析等。（　　）

三、单项选择题

1. 在其他因素不变的情况下,其变动不影响保本点的是＿＿＿＿。
A. 单位变动成本　　B. 固定成本　　C. 单价　　D. 销售量

2. 产品销售收入扣除变动成本后的余额叫作＿＿＿＿。
A. 毛利　　B. 贡献毛益　　C. 税前净利　　D. 净利润

3. 下列公式不正确的是＿＿＿＿。
A. 单位贡献毛益＝单价－单位变动成本
B. 贡献毛益总额＝销售收入总额－变动成本总额
C. 单位贡献毛益×销售量＝贡献毛益总额
D. 毛利－固定成本＝净收益

4. 某企业盈亏临界点销售额为16 000元,正常开工销售收入为20 000元,如果该公司要求获利,作业率至少应达到_____。

  A. 20%   B. 80%   C. 125%   D. 以上均不对

5. 下列导致盈亏临界点上升的因素是_____。

  A. 售价下降   B. 单位变动成本下降

  C. 单位贡献毛益增加   D. 固定成本下降

6. 某企业只产销一种产品,单位变动成本为36元,固定成本总额为4 000元,单位售价为56元,要使安全边际率达到50%,该企业的销售量应达到_____件。

  A. 400   B. 222   C. 143   D. 500

7. 边际贡献率与变动成本率两者之间的关系是_____。

  A. 变动成本率高,则边际贡献率也高

  B. 变动成本率高,则边际贡献率低

  C. 变动成本率与边际贡献率两者没有关系

  D. 变动成本率是边际贡献率的倒数

8. 若某企业在一定时期内的保本作业率为100%,则可断定该企业处于_____状态。

  A. 盈利   B. 保本   C. 亏损   D. 以上都不对

9. 已知企业年目标利润为2 500万元,产品单价为1 000元,单位变动成本率为40%,产品固定成本为700万元,则要达到目标利润,企业应销售产品_____件。

  A. 80 000   B. 53 334   C. 41 667   D. 62 550

10. 已知企业只产销一种产品,单位变动成本为45元,固定成本总额为60 000元,产品单位售价为120元,为使安全边际率达到60%,该企业当期应销售_____件产品。

  A. 80 000   B. 1 600   C. 1 800   D. 2 000

11. 根据本量利分析原理,只提高安全边际而不会降低盈亏临界点的措施是_____。

  A. 提高单价   B. 增加销售量

  C. 压缩固定成本   D. 降低单位变动成本

12. 经营杠杆系数可以揭示利润受下列指标之一变动影响的敏感程度,该指标是_____。

  A. 单价   B. 单位变动成本

  C. 固定成本   D. 销售量

13. 企业在制订营运计划时,应开展_____,将其作为营运计划制订的基础和依据。

  A. 营运预测 B. 营运分析 C. 营运预算 D. 营运决策

14. 下列不属于企业营运管理程序的是_____。

  A. 营运计划的制订   B. 营运计划的执行

  C. 营运计划的反馈   D. 营运监控分析与报告

四、多项选择题

1. 企业经营安全程度的评价指标包括_____。
   A. 保本点   B. 安全边际量   C. 安全边际额   D. 安全边际
   E. 保本作业率

2. 若企业处于保本状态,则_____。
   A. 保本作业率为 0   B. 安全边际率为 0
   C. 保本作业率为 100%   D. 安全边际率为 100%
   E. 边际贡献等于固定成本

3. 下列因素当中,_____呈上升趋势变化,会导致保本点升高。
   A. 销售量   B. 单价   C. 固定成本
   D. 单位变动成本   E. 目标利润

4. 在盈亏临界图中,盈亏临界点的位置取决于_____等因素。
   A. 固定成本   B. 单位变动成本   C. 销售量   D. 销售单价
   E. 产品成本

5. 加权平均边际贡献率=_____。
   A. $\sum$(各产品边际贡献率×该产品的销售收入)
   B. $\sum$(各产品边际贡献率×该产品的销售比重)
   C. 各产品边际贡献之和÷各产品销售收入之和
   D. 各产品销售收入之和÷各产品边际贡献之和

6. 提高企业生产经营安全性的途径有_____。
   A. 增加产量   B. 降低固定成本   C. 降低单位变动成本
   D. 提高单价   E. 提高保本点

7. 企业可以建立_____等不同层级的绩效管理组织,明确绩效管理流程和审批权限,制定绩效管理制度。
   A. 营运绩效管理委员会   B. 预算管理委员会
   C. 营运绩效管理办公室   D. 监控管理办公室

8. 企业营运管埋的 PDCA 管理原则包括计划、_____等四个阶段。
   A. 实施   B. 检查   C. 组织   D. 处理

五、简答题

1. 什么是本量利分析?简述它的基本公式。
2. 比较说明边际贡献与安全边际,边际贡献率与安全边际率的实际含义。
3. 什么是保本点?预测保本点有何作用?
4. 如何进行多种产品的保本点预测?
5. 简述保本点预测几种图示法的特点。
6. 贡献式本量利图与收入式本量利图相比有何特点?
7. 利润式本量利图与收入式本量利图相比有何特点?

项目实训

项目实训 3-1：本量利分析基本数学模型的应用

一、资料

甲、乙、丙、丁四个公司 2021 年的产销资料如表 3-1 所示。假定每个公司只产销一种产品,且均产销平衡。

表 3-1   2021 年四个公司产销情况表

公司	销售数量	销售收入总额	变动成本总额	固定成本总额	单位边际贡献	利润（或亏损）
甲公司	10 000 件	100 000 元	60 000 元	25 000 元	（　　）元	（　　）元
乙公司	5 000 台	200 000 元	160 000 元	（　　）元	（　　）元	10 000 元
丙公司	（　　）套	250 000 元	（　　）元	50 000 元	15 元	25 000 元
丁公司	8 000 件	（　　）元	96 000 元	（　　）元	8 元	24 000 元

二、要求

(1) 根据本量利分析的基本数学模式,计算并填列上表空白栏的数额,写出计算过程。

(2) 根据本量利分析的基本概念及其计算公式,分别计算丙和丁两个公司的单位变动成本、边际贡献率、变动成本率,并验证边际贡献率与变动成本率的互补关系。

项目实训 3-2：保本销售额及目标销售额的预测

一、资料

某公司 2021 年销售收入为 180 000 元,销售成本为 150 000 元,其中包括固定费用 90 000 元。若 2022 年计划增加广告费 4 500 元,产品单价仍为 30 元。

二、要求

(1) 预测 2022 年该公司的保本销售额。

(2) 若该公司计划实现目标利润 30 000 元,则目标销售额应为多少？

项目实训 3-3：保本点的计算及分析

一、资料

假设某公司本年度简略利润表如下：

  产品销售收入   600 000 元
  减：产品销售成本   660 000 元
  净损失   60 000 元

上述产品成本中包括固定费用 300 000 元。公司经理认为,如果计划期间增加广告费 40 000 元,产品销售量将大幅度增加,这样,公司即可以扭亏为盈。该项计划已经董事会批准。

二、要求

(1) 按照公司经理的预想预测该公司的保本销售额。

(2) 如果公司董事会希望在计划期内获得 50 000 元的目标利润,该公司的目标销售额应达到多少?

(3) 预测该公司的安全边际和安全边际率。

(4) 如果该公司只产销一种产品,单价为 5 元,保本销售量和实现目标利润的销售量应各为多少?

项目实训 3-4:保本点的计算及分析

一、资料

某企业上一年产销 C 产品 25 000 件,销售单价为 50 元,单位变动成本为 30 元,固定成本总额为 320 000 元。经调查,如果下一年度降价 8%,销售量可增加 15%,假定下一年度的单位变动成本和固定成本总额保持不变。

二、要求

(1) 预测下一年度的保本销售量和保本销售额。

(2) 预测下一年度的可实现利润。

(3) 如果下一年度的目标利润为 780 000 元,请问降价后的销售量要达到多少才能保证目标利润的实现。

项目实训 3-5:多种产品保本点的预测

一、资料

某企业计划期内生产并销售 A、B、C 三种产品,固定成本总额为 105 840 元,三种产品的销售情况如表 3-2 所示。

表 3-2　　　　　　　　　三种产品的销售情况表

项　　目	A 产品	B 产品	C 产品
销售量/件	10 000	6 000	5 000
销售单价/元	30	20	16
单位变动成本/元	21	12	10
生产工时/小时	35 000	21 000	7 000

二、要求

(1) 用加权平均法计算该企业的保本销售额。

(2) 用分别计算法计算 A、B、C 三种产品的保本销售额(固定成本按生产工时分摊)。

(3) 如果采用分别计算法,在6月末已实现的销售额中,A产品为216 000元,B产品为70 200元,C产品为42 360元,计算并说明企业的盈亏情况。

项目实训3-6：保本点的计算及应用

一、资料

某厂只生产和销售一种产品,有关资料如下：单位产品售价为5元,单位产品变动成本为3元,全月固定成本为32 000元,全月预计销售量为20 000件。

二、要求

(1) 计算保本销售量、安全边际,预测预计销售量的利润。

(2) 该厂通过调查,认为单位产品售价若提高到5.5元,全月预计可销售产品18 000件,请重新计算在新情况下的保本销售量、安全边际并预测预计销售量的利润。

(3) 该厂通过调查,认为由于出现了一些新的情况,单位产品的售价将降低到4.60元,同时每月还需增加广告费4 000元,请重新计算保本销售量,并计算要销售多少件,才能使利润比售价变动前(即单位售价仍为5元时)的利润增加10%。

项目实训3-7：经营杠杆系数的计算及应用

一、资料

某公司2021年的实际销售量为1 000件,售价为200元,单位变动成本为90元,利润为55 000元。

二、要求

(1) 计算经营杠杆系数。

(2) 若2022年计划增加销售量为5%,试用经营杠杆系数预测利润。

(3) 若2022年的目标利润为66 000元,试用经营杠杆系数计算应该达到的销售量。

项目实训3-8：多种产品保本点的预测

一、资料

已知A公司同时生产甲、乙、丙三种产品,在计划年度内三种产品的销售量分别为45 000件、45 000件、30 000件,企业固定成本总额为313 500元。三种产品的单位产品相关资料如表3-3所示。

表3-3　　　　　　三种产品的单位产品情况表　　　　　　单位：元

项目	产品甲	产品乙	产品丙
单价	10.0	5.0	2.5
单位变动成本	7.5	3.0	1.0
单位贡献毛益	2.5	2.0	1.5

二、要求

(1) 计算 A 公司在计划年度内三种产品的保本销售额。

(2) 假如 A 公司在计划年度内的计划销售总额不变,三种产品的销售收入比例为2∶2∶1,试计算在这种情况下三种产品的保本销售额。

案　例

案例3-1

东方乐器厂是一家有着40多年历史的乐器厂。该厂一直从事小提琴和中提琴的生产。由于该厂规模较小,生产人员较少,所以产品产量也较小,但产品的销路一直没有问题。

为生产中、小提琴,东方乐器厂设置了两个车间。一车间生产小提琴,二车间生产中提琴。生产费用按车间划分,企业管理费用按固定比例分配给两个车间。生产乐器的工人可以按照生产任务的多少在两个车间之间调动。每加工一把小提琴需要30个小时,中提琴需60个小时。小提琴年最大产量为1 000把,中提琴为600把,但该厂从来没有达到过这两个最大产量。2021年该厂有关生产和销售情况如表3-4所示。

表3-4　　　　2021年东方乐器厂生产和销售情况表

项　目		小提琴	中提琴	合　计
生产和销售量/把		800	500	
销售收入/元		600 000	600 000	1 200 000
销售成本	原材料/元	280 000	200 000	480 000
	工资/元	72 000	90 000	162 000
	其他费用/元	72 000	150 000	222 000
	小计/元	424 000	440 000	864 000
利润/元		176 000	160 000	336 000
销售利润率/%		29.33	26.67	28

该厂厂长张伟在看过表3-4的资料后认为,生产小提琴的利润比中提琴的要高,所以他决定在下一年度多生产小提琴100把,减产中提琴100把,从二车间抽调一部分人支援一车间生产,其他情况不变。2022年东方乐器厂生产和销售情况如表3-5所示。

表 3-5　　2022 年东方乐器厂生产和销售情况表

项目		小提琴	中提琴	合　计
生产和销售量/把		900	400	
销售收入/元		675 000	480 000	1 155 000
销售成本	原材料/元	315 000	160 000	475 000
	工资/元	81 000	72 000	153 000
	其他费用/元	78 000	144 000	222 000
	小计/元	474 000	376 000	850 000
利润/元		201 000	104 000	305 000
销售利润率/%		29.77	21.67	26.41

对于这一结果，张伟感到特别吃惊，这两年的耗用水平并没有变化，为什么多生产了利润高的小提琴，总利润反而下降了呢？他要求财务科长马上分析利润下降的原因，并令其协助制订下一年的生产计划，预计下一年的利润。

问题：

1. 什么是高低点法？高低点法具有什么特点？试用高低点法分解混合成本。
2. 试计算两种型号提琴的单位边际贡献。
3. 根据案例，计算 2023 年预计最大生产能力下的总利润。

案例 3-2

同新公司的王林给他的上司——会计科长周方打了个电话。王林说："今天下午的会议资料都准备好了，我收集了一套计算保本点的资料，与会人员看了以后肯定会大吃一惊。"他又寒暄了几句之后，挂掉了电话。参加会议之前，王林又把准备的资料复习了一遍。

王林在 6 个月前进入公司担任公司会计职务，在参加这个会议之前，他一直从事例行性的分析工作。王林毕业于一家商学院，在同事们的眼中，他既能干又诚实，但也由于率直的个性，与同事之间偶有摩擦。王林对自己的能力颇具信心，一有机会，就试图将自己的想法灌输给周围的同事。这次周方让他参加经理级人员的非正式聚会，着实让会计部的其他人感到意外。王林想在会议上报告保本点观念的要求，会计科长周方也默许了。截至目前，同新公司尚未将这种技术运用于日常计划中。

王林的分析主要是有关盈亏平衡销售数量的计算，其基本思想是：

公司的销售数量至少应该达到能回收所有变动制造成本、变动销售费用及固定成本或非变动成本的水平，才可能进一步产生利润，而这个刚好能收回全部成本（变动成本及非变动成本）的销售量即称为保本销售量，此数量就是计划时应达到的最低销售量。

利用会计记录中的下列资料,王林完成了保本点分析:

工厂生产能力:2 000 000 单位;

去年销售量:1 500 000 单位;

平均单位售价:1.20 元;

总固定成本:520 000 元;

平均单位变动成本:0.75 元。

根据这些资料,王林知道,每售出 1 单位,除了收回变动成本以外,尚可收回 0.45 元固定成本,因为总固定成本为 520 000 元,然后,他计算出须售出 1 155 556 单位才能达到盈亏平衡。他再以销货金额验证盈亏平衡的结果,由于变动成本占售价的 62.5%,其余的 37.5% 可用于收回固定成本,在总固定成本为 520 000 元的情况下,销货金额须达到 1 386 667 元才能盈亏平衡。

当他将上述资料绘制成保本分析图时,其结论得到更进一步的验证,如图 3-1 所示。由图 3-1 可以更清晰地看出,公司的营运水平已超出保本点很多,而且也创造了相当多的利润,同时也显示在这种销售量下,税前收益随销售数量增加而增加,而且增加得相当快,为新增销货金额的 37.5%。

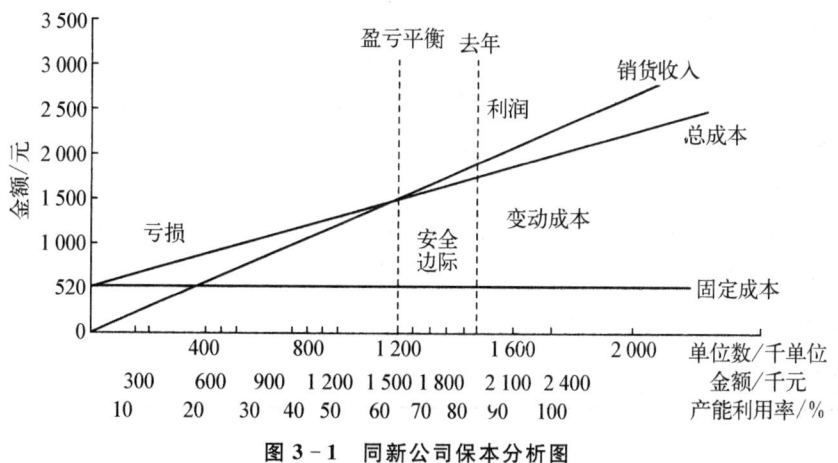

图 3-1 同新公司保本分析图

午餐后不久,王林随周方前去参加会议,在会议开始之前,周方先向与会人员介绍了王林。在周方制定的议程上,王林的报告被安排在议程最后一项。其他与会人员分别为:张山(生产管理员);李廉(制造部门代表);蕾力(业务副经理);王大文(销售经理);李安(总经理助理)。

王林将他准备的分析图及计算资料分发给所有与会人员,经过一番说明解释后,与会人员了解了王林分析的主要内容。同时,大家心中也存在诸多疑惑,纷纷提出各自的看法,议论场面十分热烈。整个沟通过程记录如下:

张山:我想你可能没有考虑到明年销售数量变动的影响,依据销售部门的估计,明年销售数量会提高 20%,亦即生产能力利用率可达 90%,我想这个改变会使你的数字有所变化吧。

王林:这是事实,但你只要在保本分析图中找到新的数量,就可轻易获悉所需的数字。让我们看看……

李廉：且慢！如果生产能力利用率达到90%，有些瓶颈因素必须加以突破，我们已申请核准增加部分投资，这可能使每月固定成本增加10 000元以上。换句话说，我们虽可使生产能力利用率达到90%，但我们须知道有些瓶颈已经全能生产，无法再进一步增产了。

张山：王林，你看，李廉所言都是实情，有关数量变动的问题，我还没讲完，根据我从你们部门所获得的资料，我不相信你的保本点分析会有用，即使在数量维持不变的情况下也是如此。我们公司共有三种产品，你忽略了这一事实，都以平均值去处理分析，而根据你提出的年度产品成本分析报告中各项产品的个别资料，如表3-6所示，很容易看出利用平均值是行不通的。如果我们把保本点分析用于个别产品分析，情况会如何呢？

王林：我不太确定，我认为一家公司应该仅有一个保本点，即使是针对个别产品而言，我们也必须承认这点。如果必要的话，我很愿意验证这项事实，但……

蕾力：王林，你应该知道我们的产品组合将有重大变化，这些计划目前已在进行之中。依我看来，甲产品能维持目前三分之二的产量就不错了。幸好，虽然甲产品可能减少200 000单位，但丙产品可能会增加450 000单位，至于乙产品，多年来一直维持相同水平，我想明年也不会有太大的变化。

销售经理王大文点头表示同意。

王大文：除蕾力所述之外，还会有一些其他变动。经过我们充分沟通之后，我们决定调整丙产品的售价。在售价提高2倍，而成本不变的情况下，我们预估丙产品明年会增加50 000单位，但我认为增加45 000单位比较有把握。过去，丙产品的定价太低，我认为有必要加以调整，此举有两个好处：第一，产品定价与质量不相称，有碍公司信誉，适度调整尤其必要。第二，如果不调整售价，我们会陷于危机中，你已听到李廉所说的话了，如果我们不提高售价，大概会有一半订单无法交货，我们根本无法扩充到那种生产水平来满足市场需求。

表3-6　　　　　　　　　　年度产品成本分析

项　目	整　体	产品 甲	乙	丙
全能生产下销售量/单位	2 000 000			
实际销售量/单位	1 500 000	600 000	400 000	500 000
单价/元	1.20	1.67	1.50	0.40
总销售收入/元	1 800 000.00	1 000 000.00	600 000.00	200 000.00
单位变动成本/元	0.75	1.25	0.625	0.25
总变动成本/元	1 125 000.00	750 000.00	250 000.00	125 000.00
固定成本/元	520 000.00	80 000.00	275 000.00	75 000.00
利润/元	155 000.00	170 000.00	75 000.00	0.00
变动成本销售收入比率	0.63	0.75	0.42	0.63
边际贡献销售收入比率	0.37	0.25	0.58	0.37
生产能力利用率/%	75	30	20	25

此时,总经理助理从后门走到会议室前面,讨论过程中断了一会儿,他用这段时间表达了一点自己的看法。

李安:王林所提的方法的确发人深思,只要你将明年的资料收集齐全,你的分析将对公司经营有莫大助益。我提一些意见给你参考:

第一,分析表上的数字包含上缴的税金,去年我们利润为 150 000 元,但实际仅能留下三分之二,其中又须发放股息 50 000 元,除此之外,我们又必须提存 50 000 元的保留盈余,这就意味着公司必须达到 100 000 元的税后收益水准。

第二,政府打算调整基本工资,这样,表中的变动成本将上涨 10%,此举可能使利润目标无法实现,但若非实现不可,就必须增加营业收入。依据你的分析方法,就是将利润水平视为固定成本的一部分。

第三,或许目前是转换主力产品的最好时机,相信王大文比我更清楚何种产品获利能力较强。根据年度产品成本分析显示,甲产品获利最差,如果确如销售人员所言,甲产品将逐渐萎缩,而工厂生产能力又不容易继续扩充,似乎可以尝试将部分甲产品设备的生产能力转移至丙产品的生产,以适应市场所需。

周方:小李,谢谢你!我将今天所讨论的资料作一个总结:王林提出的方法是我未曾尝试过的方法,但你们都很容易地了解了问题的核心。我建议王林汇总今天讨论的各方意见,再重新计算一遍。下面我尝试归纳诸位的意见,首先我们了解了王林的分析是建立在一系列重要的假设基础上的,而大家所提的意见也都集中在这些基本假设上,如果我们能将这些假设确认,就能进一步分析其影响效果。

我想张山的意见是想知道数量增加的影响,以及对个别产品计算之间有何差异;而蕾力的意见则是希望知道产品组合发生变化时的结果;王大文则希望知道丙产品售价调升的结果;李廉则指出每月固定制造成本将增加 10 000 元;李安则认为我们必须考虑税金、股息、政府规定及主力产品转移的问题。

我建议王林先将这些因素汇总纳入考虑之后,于下次会议时,再将分析结果报各位知悉。

问题:

1. 王林在保本点计算中的隐含假设是什么?
2. 根据相关人员提出的考虑因素,王林修正后的分析结果中:
 (1) 保本点是多少?
 (2) 若政府未调整基本工资,须达到何种销售水平才能发放股息?
 (3) 在不考虑股东股息的情况下,须达到何种销售水平才能应付基本工资的调整?
 (4) 要达到何种销售水平,才能同时满足发放股东股息与基本工资调整的要求?
3. 保本点分析是否有助于公司转移主力产品的决策?公司应提供哪些资源用于增加丙产品的生产能力?

4. 利用上述年度产品成本分析表中的资料，分别计算三种产品的保本点，为何三种产品保本点之和与公司总体的保本点不相等？

5. 此种分析是否有利用价值？可以应用于何种情况？

案例资料来源：

1. 李雪松，企业财务管理咨询与诊断，中国经济出版社。（有删改）
2. 杨文安，管理会计原理与个案，上海财经大学出版社。（有删改）

项目四　预测分析

学习指导

一、学习目的与要求

通过本项目的学习,要求学生掌握销售预测、利润预测、成本预测和资金需要量预测的基本方法;了解预测分析的概念、基本原理、一般程序和方法;熟悉销售预测、利润预测、成本预测、资金需要量预测的意义。

二、重、难点问题

(1) 预测的基本程序和方法。
(2) 销售预测、利润预测、成本预测和资金需要量预测的基本方法。

三、内容提要

预测分析是指采用各种科学的专门分析方法,根据过去和现在预计未来,以及根据已知推测未知的分析过程。预测分析的基本原理有延续性原理、相关性原理、规律性原理、可控性原理。预测分析的一般程序是确定预测目标、收集分析资料、选择预测方法、进行预测分析、分析预测误差、对预测值进行修正、评价预测结果。

预测分析的方法分定性预测分析法和定量预测分析法两类,定量预测分析法又可分为趋势预测分析法和因果预测分析法。销售预测的主要方法有判断分析法、市场调查法、趋势预测法(包括算术平均法、移动加权平均法、指数平滑法)、因果预测法。成本预测的方法有目标成本预测法、历史成本预测法、因素变动预测法。利润预测的方法有预测保本点的方法、预测目标利润的方法。资金需要量预测的基本方法有:销售百分比法、回归分析法。

习　题

一、名词解释

预测　定量预测分析法　定性预测分析法　贡献毛益　目标利润

二、判断题

1. 定量分析法是根据人们的主观分析判断确定未来的估计值。（ ）
2. 高低点法属于定性分析的方法。（ ）
3. 资金需要量预测常采用销售百分比法。（ ）
4. 在保本点不变的情况下,如果销售量未超过保本点,则销售量越大亏损越大。（ ）
5. 采用趋势预测法对未来进行预测,对不同时期的资料采用不同的权数,越是远期,权数越大。（ ）
6. 成本预测的方法有目标成本预测法、历史成本预测法和因素变动预测法。（ ）

三、单项选择题

1. 预测方法分为两大类即定量预测分析法和_____。
   A. 平均法　　　B. 定性预测分析法　　　C. 回归分析法　　　D. 指数平滑法
2. 已知上年利润为100 000元,下一年的经营杠杆系数为1.4,销售量变动率为15%,则下一年的利润预测额为_____元。
   A. 140 000　　　B. 150 000　　　C. 121 000　　　D. 125 000
3. 经营杠杆系数等于1,说明_____。
   A. 固定成本等于零　　　　　　B. 固定成本大于零
   C. 固定成本小于零　　　　　　D. 与固定成本无关
4. 假设平滑指数为0.6,9月份的实际销售量为600千克,9月份的预测销售量为630千克,则预测10月份的销售量为_____千克。
   A. 618　　　B. 600　　　C. 612　　　D. 630
5. 已知上年利润为200 000元,下一年的经营杠杆系数为1.8,预计销售量变动率为20%,则下一年的利润预测额为_____元。
   A. 200 000　　　B. 240 000　　　C. 272 000　　　D. 360 000
6. 预测分析的内容不包括_____。
   A. 销售预测　　　　　　　　　B. 利润预测
   C. 资金需要量预测　　　　　　D. 所得税预测
7. 下列适用于销售量略有波动的产品的销售预测方法是_____。
   A. 加权平均法　　　B. 移动平均法　　　C. 趋势平均法　　　D. 平滑指数法
8. 某企业只生产一种产品,该产品的单位变动成本为6元,固定成本总额为5 000元,企业确定的目标利润为4 000元,产品售价为15元。则要实现目标利润,该产品的销售量至少应达到_____件。
   A. 556　　　B. 444　　　C. 600　　　D. 1 000
9. 如果其他因素不变,只有单价发生变动,则会使安全边际_____。
   A. 不变　　　B. 不一定变动　　　C. 同方向变动　　　D. 反方向变动

10. 销售收入为 20 万元,边际贡献率为 60%,其变动成本总额为_____万元。
   A. 8　　　　　B. 12　　　　　C. 4　　　　　D. 16

四、多项选择题

1. 定量分析法包括_____。
   A. 判断分析法　　B. 集合意见法　　C. 非数量分析法
   D. 趋势外推分析法　E. 因果预测分析法
2. 当预测销售量较为平稳的产品的销量时,较好的预测方法包括_____。
   A. 算术平均法　　B. 移动平均法　　C. 修正的时间序列回归分析法
   D. 因果预测分析法　E. 判断分析法
3. 经营杠杆系数可通过_____公式计算。
   A. 利润变动率÷业务量变动率　　B. 业务量变动率÷利润变动率
   C. 基期边际贡献÷基期利润　　　D. 基期利润÷基期边际贡献
   E. 销售量的利润灵敏度×100%
4. 较大的平滑指数可用于_____情况的销售预测。
   A. 近期　　　　B. 远期　　　　C. 波动较大　　　D. 波动较小
   E. 长期
5. 以下属于趋势预测分析法的有_____。
   A. 算术平均法　　B. 指数平滑法　　C. 回归分析法　　D. 调查分析法
   E. 移动平均法
6. 指数平滑法实质上属于_____。
   A. 平均法　　　B. 算术平均法　　C. 因果预测分析法
   D. 趋势外推分析法　E. 特殊的加权平均法

五、简答题

1. 在预测分析的实践中,定量分析法为什么要与定性分析法结合起来使用?
2. 简要说明预测的基本原理和程序。
3. 简述销售预测的重要性。
4. 为什么说成本预测是成本管理的重要环节?
5. 简述利润预测的意义。
6. 简要说明资金需要量预测的意义。

项 目 实 训

项目实训 4-1:成本的预测

一、资料

已知某企业只生产一种产品,最近半年的平均总成本资料如表 4-1 所示。

表 4-1　某企业 2022 年 1—6 月份固定成本及单位变动成本　　单位：元

月　份	固　定　成　本	单位变动成本
1	12 000	14
2	12 500	13
3	13 000	12
4	14 000	12
5	14 500	10
6	15 000	9

二、要求

假定 7 月份产量预计为 500 件，要求采用加权平均法预测 7 月份的总成本和单位成本。

项目实训 4-2：目标利润的预测

一、资料

某企业只生产一种产品，单价为 200 元，单位变动成本为 160 元，固定成本为 400 000 元，2021 年销售量为 10 000 件。已知同行业先进的资金利润率为 20%，预计 2022 年企业资金占用额为 600 000 元。

二、要求

（1）以同行业先进的资金利润率为基础测算企业 2022 年的目标利润基数。

（2）企业为实现目标利润应该采取哪些单项措施？

项目实训 4-3：资金需要量的预测

一、资料

P 公司 2021 年度的生产能力只利用了 70%，实际销售收入为 850 000 元。获得利润 42 500 元，并发放了股利 17 000 元。该公司 2021 年年末的简略资产负债表如表 4-2 所示。

表 4-2　　　　　　　　　资产负债表
2021 年 12 月 31 日　　　　　　　　　单位：元

资　产		负债和所有者权益	
1. 库存现金	20 000	1. 应付账款	100 000
2. 应收账款	150 000	2. 应付票据	80 000
3. 存货	200 000	3. 长期负债	200 000
4. 固定资产（净额）	300 000	4. 普通股股本	350 000
5. 长期投资	40 000	5. 留存收益	40 000
6. 无形资产	60 000		
资产总计	770 000	负债和所有者权益总计	770 000

该公司预计2022年销售收入将增至1 000 000元,并仍按2021年度股利发放率支付股利。提取折旧60 000元,其中80%用于更新改造原有设备。2022年零星资金需要量为20 000元。

二、要求

利用销售百分比法预测2022年需要追加的资金量。

项目实训4-4:销售量的预测

一、资料

企业某年度6月份实际销售量为800千克,该月的预测销售量为840千克,平滑指数α=0.4。

二、要求

请用指数平滑法预测7月份的销售量。

案 例

案例4-1

团结塑胶公司的主要业务为产销各种工业用塑胶制品。公司创办人之一陈大为发明了一种新型硬化胶材料并获得专利,他和朋友张永成利用这种新型胶材作原料,共同开发出几种工业用新型胶制品并设计了生产制品的制模。在为某大型汽车公司设计制造出几批零件后,他们接到了该公司的大批订单。

自从拥有新型胶材的专利权、一个小厂房及汽车公司的订单后,陈大为和张永成决定创办团结塑胶公司,并拟订了公司营运计划,投资商李克东看过营运计划后不久,就决定参与投资,但他只能提供创业资金,并不参与经营。团结塑胶公司成立后,李克东是最大股东,持有40%的股份;陈大为和张永成分别持有26%的股份;剩下8%的股份在林立手上,他以前是会计,加入团结塑胶公司后担任财务经理。

团结塑胶公司成立后不久,事业蒸蒸日上,事实上公司在2010年6月就已开工生产,同年9月销售出了第一批货。2010年销售额为152万元,2011年销售额已达1 120万元。此后团结塑胶公司年销售额都保持很高的增长率,到2021年时该公司销售额高达12 800万元。此时,为了满足日益增长的需求,团结塑胶公司进行了一项大规模的扩厂计划,资金来自某银行提供的15年期长期贷款。由于当时贷款利率偏高,加之贷款中附加保护性条款也相当苛刻,如条款中规定:团结塑胶公司必须将流动比率维持在3.0水平,并且不得再借其他长期贷款。条款中的另一条规定是:禁止提前还款,否则重罚。换句话说,若团结塑胶公司想在贷款到期前,以低利率的新贷款来取代高利率旧贷款,公司必须支付一大笔提前解约的罚金给银行。一般保护条款中所规定的罚金数额相当于一年的利息,但团结塑胶公司却被迫同意在提前还款时支付三年利息作为罚金。

随着团结塑胶公司业绩的不断上升,股东之间的矛盾日益突出。陈大为与张永成分任公司的董事长与总经理,李克东与林立则作为股东。陈、张两人在公司里坐享高薪,不愿分派股利,而李、林两人则希望将部分盈余以股利方式分派给他们。更重要的是前者都不想让公司股票公开上市,因为他们不愿将公司财务资料因此而公开,而后者则希望公司股票能上市,使他们能抽出部分资金,投资到其他产业以分散风险。另外,李、林两人对当初公司使用长期贷款的方式来筹措扩厂资金颇有微词,他们认为贷款中禁止额外举债、维持流动比率固定水平的规定,严重妨碍公司未来成长。若团结塑胶公司要充分发挥增长潜力,必须再度扩充资金。

在2022年的股东会上,李克东与林立指出,就生产和营销上公司现行政策无可非议,但从财务管理角度看,则尚欠理想。他们认为公司在财务管理方面所面临的问题是:没有制订财务计划以适应未来成长;另外在资金的融通和调度方面也不够灵活。他们认为:① 公司必须公开发行新股来筹措扩充所需资金,并且增资额要超过现有的留存收益;② 公司须拟订出一套股票上市计划,且要考虑资金结构合理搭配的比例,但银行的保护性条款却已严重限制了公司未来的举债能力。

在拟订公司未来几年财务计划时,李、林认为,2022年的销售额应该增长到14 800万元,净利润为销售额的5%。陈、张认为这个预测非常合理。最后,四个股东认为,将2023年的营业目标定在18 000万元,净利润定在销售额的5%左右,应该合理。虽然,陈、张两人都承认,团结塑胶公司的确需要制订一套正式的财务计划,但他们认为公司有足够的留存收益来完成扩厂所需的资金。但李、林则认为,只有将股票公开上市,公司才能持续成长。最后,四个股东同意公司的首要目标是维持高销售额增长率。他们决定,公司目前要做两件事:① 预测未来数年的资金需要量;② 如确有必要增资,才能满足公司未来成长所需资金,筹措新资金以前,应先拟订可行的筹资计划。公司资产负债表、利润表如表4-3、表4-4所示。

表4-3　　　　　　　团结塑胶公司资产负债表　　　　　　　单元:万元

项　　目	2011年12月31日	2016年12月31日	2021年12月31日
库存现金	44	184	420
应收账款	356	1 468	3 280
存　　货	400	1 708	3 500
流动资产合计	800	3 360	7 200
固定资产净值	420	1 840	4 340
资产总计	1 220	5 200	11 540
流动负债	220	900	2 200
长期负债	80	1 580	4 200
普通股	420	420	420
资本公积	400	400	400

续 表

项　　目	2011年12月31日	2016年12月31日	2021年12月31日
留存收益	100	1 900	4 320
权益总计	1 220	5 200	11 540

表4-4　　　　　　　　团结塑胶公司利润表　　　　　　单位：万元

项　　目	2011年	2016年	2021年
销售收入	1 120	5 200	12 800
销售成本	840	4 348	10 400
销售毛利	280	852	2 400
营业费用	220	488	1 736
税前利润	60	364	664

问题：

1. 运用销售百分比法，以2021年为基础，预测出2022年与2023年团结塑胶公司的资金需要量。

2. 在应用销售百分比法预测团结塑胶公司未来资金需要量时所做的假设是否合理？

3. 若经由银行贷款与留存收益等方式仍无法筹措到足够资金以融通未来的资金需求时，团结塑胶公司还有哪些筹资方案可供选择？

案例资料来源：

李雪松，企业财务管理咨询与诊断，中国经济出版社。（有删改）

项目五 预算管理

学习指导

一、学习目的与要求

通过本项目的学习,要求学生了解全面预算的含义、全面预算体系、预算编制的原则和编制的一般程序;熟悉全面预算、弹性预算和零基预算的特点、作用;掌握弹性预算和零基预算的编制方法。

二、重、难点问题

(1) 全面预算的体系。
(2) 全面预算的编制方法。
(3) 弹性预算和零基预算的编制方法。

三、内容提要

预算是以货币作为计量手段,对决策目标进行具体的、系统的反映。全面预算的作用表现在:明确目标、协调工作、全面控制、评价业绩。全面预算编制的原则是:以明确的经营目标为前提,编制要全面完整,预算要积极可靠并留有余地。编制预算的一般程序为:确定预算目标,分解预算目标,拟订和下达预算编制方针,充分收集和整理有关资料,各部门编制预算草案并测试论证,对初步预算方案进行协调反馈平衡,集合汇总审议评价。

全面预算包括业务预算、专门决策预算和财务预算。全面预算的编制包括:销售预算的编制、生产预算的编制、直接材料预算的编制、直接人工预算的编制、制造费用预算的编制、单位产品生产成本预算的编制、销售及管理费用预算的编制、现金收支预算的编制、预计利润表的编制、预计资产负债表的编制和预计现金流量表的编制。

弹性预算是指以预算期间可能发生的多种业务量水平为基础,分别确定与之相适应的费用数额而编制的适应多种业务量水平的预算。其编制方法有公式法和列表法两种。弹性预算法主要适用于成本预算和利润预算的编制。

零基预算是指在编制预算时,对于所有的预算支出均以零为基底,不考虑以往的情况,一切从实际出发,研究分析每项预算是否有支出的必要和支出数额大小的预算。采用零基预算法编制预算的步骤如下:拟订计划项目说明书、进行效益分析、分配资金、落实预算。零基预算一般适用于业务量与费用存在直接对应关系的情况。

习 题

一、名词解释

全面预算　业务预算　财务预算　专门决策预算　现金收支预算　销售预算　预计利润表　预计资产负债表　弹性预算　零基预算

二、判断题

1. 生产预算的主要内容有:生产量、期初和期末产品存货及购货量。　　　(　　)
2. 变动制造费用是以生产预算为基础编制的。　　　(　　)
3. 弹性预算所确定的不同情况下经营活动水平的范围,一般在正常生产能力的70%～110%。　　　(　　)
4. 在编制弹性预算时,必须按成本性态将企业的成本分解为固定成本和变动成本。　　　(　　)
5. 直接材料预算以销售预算为基础,并同时考虑期初、期末存货水平。　　　(　　)
6. 现金收支预算的主要内容不包括资金的筹措和运用。　　　(　　)
7. 全面预算是控制企业日常经济活动的主要依据。　　　(　　)
8. 采用零基预算方法编制预算时,应考虑上期的预算情况。　　　(　　)

三、单项选择题

1. 编制全面预算的基础是_____。
   A. 直接材料预算　　B. 直接人工预算　　C. 生产预算　　D. 销售预算
2. 资本支出预算是_____。
   A. 财务预算　　　　B. 生产预算　　　　C. 专门决策预算　D. 业务预算
3. 某企业2022年计划于1月、2月、3月分别采购直接材料3 885元、5 180元和5 820元,采购当月支付购货款的60%,下月支付余下的40%。则企业3月份为采购直接材料支出的现金为_____元。
   A. 4 841
   B. 4 662
   C. 5 564
   D. 以上答案均不对
4. 下列项目中,不属于现金流出项目的是_____。
   A. 折旧费　　　　　B. 经营成本　　　　C. 各项税款　　　D. 建设投资
5. 编制弹性预算首先应当考虑及确定的因素是_____。
   A. 业务量　　　　　B. 变动成本　　　　C. 固定成本　　　D. 计量单位

6. 全面预算按其涉及的业务活动领域可分为财务预算和_____。
   A. 业务预算　　　B. 销售预算　　　C. 生产预算　　　D. 现金预算
7. 可以综合反映企业在预算期间盈利能力的预算是_____。
   A. 专门决策预算　　　　　　　　B. 现金预算
   C. 预计利润表　　　　　　　　　D. 预计资产负债表
8. 下列预算编制方法中,能够摆脱过去预算影响的是_____。
   A. 固定预算　　　B. 弹性预算　　　C. 滚动预算　　　D. 零基预算
9. 编制弹性成本预算的关键是_____。
   A. 分解制造费用
   B. 确定材料标准耗用量
   C. 选择业务量计量单位
   D. 将所有成本划分为固定成本和变动成本两大类
10. 零基预算的编制基础是_____。
    A. 零　　　　　　　　　　　　　B. 基期的费用水平
    C. 国内外同行业的费用水平　　　D. 历史上费用的最好水平
11. 被称为"总预算"的是_____。
    A. 生产预算　　　B. 销售预算　　　C. 专门决策预算　　　D. 财务预算
12. 与生产预算没有直接联系的预算是_____。
    A. 直接材料预算　　　　　　　　B. 变动制造费用预算
    C. 销售及管理费用预算　　　　　D. 直接人工预算

四、多项选择题

1. 编制预算的方法按其业务量基础的数量特征不同,可分为_____。
   A. 固定预算　　　B. 零基预算　　　C. 滚动预算　　　D. 弹性预算
   E. 增量预算
2. 下列预算中,属于业务预算的有_____。
   A. 资本支出预算　　B. 销售预算　　　C. 生产预算　　　D. 现金预算
   E. 零基预算
3. 在管理会计中,构成全面预算内容的有_____。
   A. 业务预算　　　B. 财务预算　　　C. 专门决策预算　　　D. 零基预算
   E. 滚动预算
4. 财务预算的主要内容包括_____。
   A. 现金预算　　　B. 预计利润表　　　C. 预计资产负债表
   D. 投资决策预算　　E. 销售预算
5. 下列各项中,属于编制现金预算依据的有_____。
   A. 销售预算和生产预算　　　　　B. 直接材料采购预算
   C. 直接人工预算和制造费用预算　D. 产品成本预算

E. 财务预算和管理费用预算

6. 编制弹性预算所用的业务量可以是_____。

A. 产量　　　B. 销售量　　　C. 直接人工工时　　　D. 机器台时

E. 材料消耗量

7. 全面预算的作用概括起来有_____。

A. 明确工作目标　　　　　　　B. 协调各职能部门的关系

C. 控制各部门日常经济活动　　D. 考核各部门工作业绩

E. 为全面决算提供依据

8. 零基预算与传统的增量预算相比较,其不同之处在于_____。

A. 一切从可能出发　　　　　　B. 以零为基础

C. 以现有的费用水平为基础　　D. 一切从实际需要出发

E. 不考虑以往会计期间所发生的费用

9. 按照定期预算方法编制预算的缺点有_____。

A. 灵活性　　　B. 滞后性　　　C. 盲目性　　　D. 间断性

E. 预见性

10. 在编制现金预算时,_____是决定企业是否进行资金融通以及资金融通数额的依据。

A. 期初现金余额　　　　　　　B. 期末现金余额

C. 预算期内发生的现金收入　　D. 预算期内发生的现金支出

E. 企业确定的现金余额的范围

五、简答题

1. 简述全面预算体系的组成及各组成部分之间的关系。
2. 为什么说销售预算是编制全面预算的基础和关键?怎样编制销售预算?
3. 怎样编制生产预算?
4. 怎样编制直接材料预算和直接人工预算?
5. 为什么要编制期末存货预算?
6. 什么是现金收支预算?其组成内容是什么?
7. 运用弹性预算法编制预算时,有哪两种方法?怎样应用?
8. 零基预算有哪些优点?

项 目 实 训

项目实训5-1:现金预算的编制

一、资料

假设某企业期末现金最低库存为15 000元,现金短缺主要以银行借款解决,贷款的最低起点是1 000元,该企业于季初贷款,于季末归还贷款本息。贷款年利率为5%。

二、要求

该企业的现金预算如表5-1所示。请填列表5-1中的空缺。

表5-1　　　　　　　　　　　现金预算表　　　　　　　　　　单位:元

摘　要	第一季度	第二季度	第三季度	第四季度	全年合计
期初现金余额	18 000	(4)	15 691	(10)	18 000
加:现金收入	120 500	140 850	(6)	121 650	526 250
可动用现金合计	(1)	156 591	158 941	138 802	544 250
减:现金支出					
其中:直接材料	25 424	34 728	34 576	(11)	126 976
直接人工	13 200	15 600	12 900	13 900	55 600
制造费用	6 950	7 910	6 830	7 230	28 920
销售费用	1 310	1 507	1 358	1 075	5 250
管理费用	17 900	17 900	17 900	17 900	71 600
购置设备	48 000	33 280			81 280
支付所得税	27 125	27 125	27 125	27 125	108 500
支付股利	10 850	10 850	10 850	10 850	43 400
现金支出合计	150 759	148 900	111 539	110 328	521 526
现金余缺	(2)	7 691	47 402	(12)	22 724
银行借款	(3)	8 000			36 000
归还借款			(7)	(13)	(36 000)
支付利息			(8)	(14)	(1 337.5)
合　计	28 000	8 000	30 250	7 087.5	(1 337.5)
期末现金余额	15 741	(5)	(9)	21 386.5	(15)

项目实训5-2:全面预算的编制

一、资料

某企业经销单一品种商品,经营前景良好,为加强管理,决定于本年第二季度起建立全面的预算管理制度,为此收集了下列各项资料:

(1) 该商品的每件售价为16元,进价为10元,预计近期内无变化。由于销路极好而进货较为困难,故要求其期末存货量保持相当于次月预计销量90%的水平。

(2) 最近几个月的实际或预计销售量如下:1月份为10 000件;2月份为12 000件;3月份为14 000件;4月份为17 500件;5月份为22 500件;6月份为30 000件;7月份为25 000件。

(3) 进货的价款,于进货当月支付 50%,其余部分于次月付清。

(4) 根据经验,售出商品的价款于当月收回 25%,次月收回 50%,其余部分于第三个月全部收回,坏账可以不加考虑。

(5) 每月营业费用如下:

① 变动销售费用每件 2 元,于售出商品当月支付;

② 固定销售和管理费用为每月 41 700 元,其中折旧费为 1 500 元,预付保险费摊销为 1 200 元。

(6) 预计 5 月份购置固定资产价值为 25 000 元,以现金支付。

(7) 企业于每季季末宣布发放股利 12 000 元,于次季度的第一个月以现金支付。

(8) 3 月末的资产负债表如表 5-2 所示。

表 5-2　　　　　　　　　　资产负债表　　　　　　　　　单位:元

资产		负债和所有者权益	
库存现金	14 000	应付账款(进货)	85 750
应收账款	216 000	应付股利	12 000
存货(15 750 件,每件 10 元)	157 500	股本	300 000
预付保险费	14 400	留存收益	176 850
固定资产(净值)	172 700		
资产总计	574 600	负债和所有者权益总计	574 600

注:应收账款包括未收回的 2 月份销货款 48 000 元和 3 月份销货款 168 000 元。

(9) 每月月末的现金余额至少保持 10 000 元,如有不足,可向银行取得短期借款。

(10) 借款的年利率为 12%,按该企业的惯例,借款在月初、还款在月末办理;借款与还款均以本金 1 000 元为单位;利息在还款时一并计算和支付。

二、要求

根据上述资料,为该企业编制第二季度(分月)的全面预算,其中包括:

(1) 销售预算。

(2) 销售及应收账款的现金收入预算。

(3) 商品采购预算。

(4) 采购及应付账款的现金支出预算。

(5) 现金预算。

(6) 第二季度的预计利润表。

(7) 本年 6 月 30 日的预计资产负债表。

案　例

案例 5-1

宏声印刷厂的主要业务是印刷各种名片、请帖,以及办公信封、信纸等。自成立后,该厂年销售额每年都有所增长,2015年的销售额已达175万元,2017年更是增长到750万元,当年的税前利润为25万元。

为了扩充宏声印刷厂的业务,总经理陈忠在做过市场调查后发现,本地有很多做批量生意的纺织厂每年需要印刷大量的目录给客户,但没有多少印刷厂去积极争取这笔生意,因此,他认为印制目录是有发展潜力的。在他的努力下,宏声印刷厂接到了不少订单。

2021年年底,宏声印刷厂的财务经理李新开始编制2022年度的月现金预算、预估利润表以及资产负债表。编制这些报表的第一个目的是算出下一年度每月的资金需要量或闲置量,了解未来资金的来源和用途,以便管理者在拟订下一年度营运计划时,能据以决定各项投资计划的先后顺序。第二个目的是使往来银行能根据这些报表上的资料,来决定下一年度给宏声印刷厂的信用额度,以使宏声印刷厂可在该信用额度内,以短期贷款方式解决销售旺季所带来的资金需求。该往来银行规定,只有之前所贷的短期借款还清后,才可贷到新的款项。宏声印刷厂资产负债表、利润表分别如表5-3、表5-4所示。

在编制上述报表前,李新先与销售经理关伟协调,希望能编制合理的销售预测表。在调查有关销售人员和以往资料后,他们认为,对于宏声印刷厂业务有直接正面影响的是消费者可支配收入的增加。另外,关伟又指出,预计下一年度一些纺织厂的目录要求在圣诞节前交货。故李新估计这项业务有可能为印刷厂带来不少销售额。经过和总经理陈忠协商后,一致认为,宏声印刷厂2022年度的销售增长率应达到10%。根据这个目标,李新对2022年度的每月销售情况进行了预测,如表5-5所示。因为预期2022年度的销售额增长大部分来自圣诞节前的卡片与目录的印制,所以2022年度大约有三分之二的销售额会集中在后六个月。

2021年应收账款的催账资料显示,宏声印刷厂的应收账款平均收现期为45天。换句话说,在每月的销售额中,约有二分之一的账款是当月收现的,另外二分之一则于下月收现。虽然宏声印刷厂规定客户须于售后30日内付款,但该厂从未严格执行此项规定。在以往,那些无法收回的账款约占净销售额的2%。因此,宏声印刷厂按月从净销售额中提出2%作为坏账准备。过去的资料显示,销货成本须为销售额的75%。另外,2022年度的原料、直接人工成本与间接费用则列于表5-5。宏声印刷厂通常是在收货后30天内付款给原料供应商,从未拖欠过货款,直接人工成本与间接费用则是在发生后立即支付的。由于预期2022年度的资本支出会增加,故2022年度的折旧费用(包括在销货成本中)按12万元平均分摊到各月。

宏声印刷厂比较重视生产设备的更新。该厂向国外订购的一部价值108万元的印刷机,预计于2022年1月投入生产。该厂将从那时起分四季平均偿还贷款,在还款期内,不须支付任何利息。但李新估计,机器使用后,每月需约1万元的维修费用。

在预测宏声印刷厂2022年度的资金需求时,李新认为,虽然往来银行已同意给印刷厂提供信用额度,但如果宏声印刷厂的银行存款余额很低,这对宏声印刷厂很不利,因为银行可能会误认为,宏声印刷厂在财务规划方面出了问题。所以,李新决定,宏声印刷厂的平均每月现金余额应该相当于每月所有支出的八分之一。这样,即使在销售旺季对现金的需求波动很大时,宏声印刷厂也能应付。预付费用的估计与

2021年度相同。其他资产的总额仍维持在2021年的水平上。

以往估计年营业费用(短期银行贷款利息也包括在内)时假定该费用固定不变。2021年在将构成营业费用的各个项目进行逐项分析后,李新发现,营业费用实际上包括固定费用和变动费用两部分,因此,在估计2022年度营业费用时,以55 000元作为每月固定费用,另外按月计提销售额的5%作为变动费用。这样一来,实际费用与预估计费用的差异将大幅减少。

在2018年1月初,宏声印刷厂已向银行借入年息为8%、五年后到期的贷款792万元。贷款的本息按季度偿还,预定20个季度后还清。2022年度每月的利息费用为20 600元。在应付费用方面,李新估计,2022年度应付费用账户的余额与2021年度的余额相同,而该账户的每月余额由于增加部分与减少部分相互抵销的缘故,也不会产生什么波动。在所得税估计方面,宏声印刷厂以往的估计是,先预估当年盈余,再按此数额计算当年的所得税,然后平均分摊到四个季度中,每季季末结出,下季季初缴纳。根据2021年度实际盈余数额可算出,宏声印刷厂2021年度所得税为609 000元。此外,李新估计在2022年度中,该厂应缴纳所得税1 084 000元,也就是每季度支付271 000元所得税。最后,李新认为,现有厂房面积足以应付2022年度业务需要,故2022年度无须买房。另外,2022年度公司也不打算出售新股或发放任何股利。

表5-3　　　　　　　　　宏声印刷厂资产负债表　　　　　　单位:万元

项　目	2020年12月31日	2021年12月31日
库存现金	70.3	59.4
应收账款净额	335.9	345.9
存货	322.2	323.6
预付费用	69.5	60.4
流动资产合计	797.9	789.3
固定资产	938.4	955.0
减:累计折旧	288.3	397.5
固定资产净值	650.1	557.5
其他资产	32.3	30.4
资产总计	1 480.3	1 377.2
应付账款	90.0	79.9
应付费用(包括应付利息)	149.3	122.0
应付票据		
长期负债到期部分	158.4	158.4
应交税费	2.0	15.2
流动负债合计	399.7	375.5

续　表

项　　目	2020年12月31日	2021年12月31日
长期负债	316.8	158.4
负债合计	716.5	533.9
普通股	42.6	42.6
资本公积	48.6	48.6
留存收益	672.6	752.1
股东权益合计	763.8	843.3
权益总计	1 480.3	1 377.2

表5-4　　　　　　　宏声印刷厂利润表　　　　　　单位：万元

项　　目	2020年度	2021年度
销售净额	4 095.3	4 185.0
销货成本（包括折旧费用）	3 090.3	3 129.6
销货毛利	1 005.0	1 055.4
营业费用	932.9	881.8
营业净利	72.1	173.6
利息费用	46.0	33.2
税前净利	26.1	140.4
所得税	6.0	60.9
税后净利	20.1	79.5

表5-5　宏声印刷厂2022年度销售额、原料采购、直接人工与间接费用的预测

单位：万元

报　告　期	销　售　额	原料采购额	直接人工、间接费用
2021年12月	250.0	79.9	90.0
2022年1月	250.0	90.0	90.0
2022年2月	270.0	100.0	100.0
2022年3月	270.0	100.0	100.0
2022年4月	430.0	150.0	150.0
2022年5月	500.0	170.0	170.0
2022年6月	500.0	210.0	210.0
2022年7月	630.0	210.0	210.0

续 表

报 告 期	销 售 额	原料采购额	直接人工、间接费用
2022年8月	600.0	210.0	210.0
2022年9月	430.0	150.0	150.0
2022年10月	220.0	850.0	80.0
2022年11月	250.0	90.0	90.0
2022年12月	250.0	190.0	90.0

问题：

1. 试根据李新所提供的预估财务资料编制宏声印刷厂2022年度每月的现金预算、预估资产负债表和预估利润表。
2. 在编制上述财务报表时，李新作了哪些假设？你认为是否合理（试说明你的理由）？

案例资料来源：

李雪松，企业财务管理咨询与诊断，中国经济出版社。（有删改）

项目六 生产经营决策

学 习 指 导

一、学习目的与要求

通过本项目的学习,要求学生了解有关决策的基本理论;掌握生产决策和存货决策的基本概念和基本方法,并能在解决实务问题时灵活运用。

二、重、难点问题

(1) 新产品的投产决策。
(2) 亏损产品的处理决策。
(3) 零部件自制还是外购的决策。
(4) 经济批量法的基本模式及应用。

三、内容提要

短期经营决策是企业为了有效进行生产经营活动,合理利用经济资源,以取得最佳的经济效益而进行的决策,它一般只涉及1年以内的生产经营活动。短期经营决策主要包括生产决策和存货决策,具体涉及如下问题:新产品投产的决策;亏损产品处理的决策;半成品是否进一步加工的决策;零部件是自制还是外购的决策;特殊订货的决策;选择不同工艺加工的决策;产品最优组合的决策以及存货经济采购量和最优生产批量的决策。

习 题

一、名词解释

差量成本　边际成本　机会成本　付现成本　沉没成本　重置成本
单位资源贡献毛益　差别成本分析法　成本无差别点法　特殊订货　订货成本

采购成本　储存成本　缺货成本　经济批量　逐步测试法　图解法　数学模型法
商业折扣

二、判断题

1. 在两个备选方案中，只要其中一个方案的单位边际贡献比另一个大，该方案就是最优方案。（　）
2. 差量分析法主要是通过对比差量收入来择优，即一个方案的预期收入比另一个大，就是最优方案。（　）
3. 凡是亏损产品都应该停产。（　）
4. 只要亏损产品能够提供贡献毛益额，就一定要继续生产；凡不能提供贡献毛益额的亏损产品，都应停产。（　）
5. 当企业用现有的剩余生产能力来接受追加订货时，固定成本属于无关成本。（　）
6. 如果某一种产品的销售收入高于变动成本，但其贡献毛益不足以弥补所应分摊的固定成本，则该产品应该停产。（　）
7. 产品组合优化决策就是确定各种产品生产数量的决策。（　）
8. 一般而言，生产工艺越先进，其单位变动成本就越高，固定成本也低。（　）
9. 追求最大利润意味着追求最高价格。（　）
10. 成本是构成产品价格的基本因素，也是价格的最低经济界限。（　）
11. 存货的最优水平是既能满足生产（销售）需要，又能使存货所耗费的总成本达到最低的水平。（　）
12. 在全年进货量确定的情况下，订货成本与储存成本之间的关系互为消长。（　）
13. 在确定两个方案的成本临界点业务量后，当需要量超过这个业务量时，应当选择固定成本小的方案。（　）
14. 由于外购零件，从而使得原来用于自制的生产能力可以出租，其租金收入应作为自制方案的机会成本考虑。（　）
15. 特殊订货的价格可以低于正常价格，但不能低于变动性制造成本。（　）
16. 采购成本属于相关成本。（　）
17. 当企业用现有的剩余生产能力来接受追加订货时，只要对方出价略高于单位变动成本，并能补偿专属的固定成本，便可考虑接受。（　）
18. 若零部件自制须追加固定成本，则这种决策的关键是确定决策临界点产量。（　）
19. 订货成本与订货次数呈正比，储存成本与订货批量呈正比。（　）

三、单项选择题

1. 采用边际贡献分析法评价可行方案时，主要以_____大小作为选优的依据。

A. 边际贡献总额　　　　　　　　B. 单位边际贡献
C. 单位变动成本　　　　　　　　D. 固定成本

2. 亏损产品是停产或是继续生产取决于_____。
A. 亏损产品是否能提供贡献毛益　　B. 亏损产品是否能提供销售利润
C. 亏损产品是否为企业主要产品　　D. 该企业是否有剩余生产能力

3. 当_____的情况出现时,产品应停产。
A. 利润小于零　　　　　　　　　B. 利润大于零
C. 贡献毛益大于零　　　　　　　D. 贡献毛益小于零

4. 零部件自制或外购决策常用的方法是_____。
A. 差量分析法　　　　　　　　　B. 贡献毛益法
C. 贴现的现金流量法　　　　　　D. 以上均可

5. 当企业利用剩余生产能力选择生产一种新产品,而且该种新产品没有专属成本时,应以_____作为选择标准。
A. 销量价格　　B. 成本　　C. 贡献毛益　　D. 产销量

6. 在零部件外购与自制决策时,如有剩余生产能力,且如零部件外购,该剩余生产能力无其他用途时,固定成本属于_____。
A. 相关成本　　B. 无关成本　　C. 机会成本　　D. 以上均错

7. 在半成品是否进一步加工的决策分析中,一般把进一步加工之前发生的成本看作_____。
A. 可避免成本　　B. 不可避免成本　　C. 付现成本　　D. 不可控成本

8. 如某企业需用甲零件,外购单价为20元,自制单位产品变动成本为10元,若自制,需每年追加固定成本20 000元,当需要量为2 500件时,应_____。
A. 自制　　B. 外购　　C. 均可　　D. 以上均错

9. 假设某厂有剩余生产能力1 000机器工时,有甲、乙、丙、丁四种产品可供选择,它们的单位贡献毛益分别为4元、6元、8元和10元,生产一件产品所需的机器工时分别为4小时、5小时、6小时和7小时。则该厂应增产的产品是_____。
A. 甲产品　　B. 乙产品　　C. 丙产品　　D. 丁产品

10. 下列各项中,与经济订货量无关的是_____。
A. 每日消耗量　　B. 每日供应量　　C. 储存变动成本　　D. 订货提前期

11. 机会成本是经营决策中常用的一项成本概念,它实质上是指所选择方案_____。
A. 应获得的收益　　　　　　　　B. 失去的潜在收益
C. 发生的实际成本　　　　　　　D. 发生的资金成本

12. 在企业所需要的零件进行外购或自制的选择时,如自制会失去现有设备出租的机会,那么选择自制的前提是_____。
A. 自制变动成本＜外购成本
B. 租金收入＜自制变动成本
C. 自制变动成本＋租金收入＜外购成本

D. 外购成本－租金收入＜自制变动成本

13. 有一个企业同时生产三种产品甲、乙、丙，它们的贡献毛益分别是200元、120元和130元，现在这三种产品利润分别是5 000元、5 200元和－800元，这时企业有多种方案可供选择，其中最合理的是_____。

A. 将亏损800元的丙产品停产

B. 丙产品停产，用其腾出的生产能力生产总贡献毛益较大且超过丙产品的产品

C. 亏损丙产品继续生产

D. 丙产品停产，利用其腾出的生产能力转而生产利润最高的乙产品

14. 设某厂需要零件甲，其外购单价为10元，若自行生产，单位变动成本为6元，且需要为此每年追加10 000元的固定成本；当该零件的年需要量为_____件时，两种方案等效。

A. 2 500   B. 3 000   C. 2 000   D. 1 800

15. 缺货损失不包括_____。

A. 缺货引起的停工损失   B. 延期交货而付出的罚金

C. 信誉损失   D. 物资陈旧所发生的损失

16. 某公司生产一种产品A，进一步加工可生产另一种产品B。A、B两种产品在市场上的售价分别为50元/件和120元/件。生产B产品每年需要追加固定成本20 000元，变动成本为10元/件。若每5单位的A产品可加工成3单位的B产品，则该公司应_____。

A. 直接出售A产品，不应进一步加工

B. 进一步加工生产B产品

C. 当B产品的生产需求量超出750件时，就应将A产品进一步加工成B产品

D. 直接出售A产品与进一步加工无差别

17. 如果生产能力无法转移，亏损产品又满足_____条件，应当停产。

A. 该亏损产品的单价大于其单位变动成本

B. 该亏损产品的单位贡献毛益大于零

C. 该亏损产品的贡献毛益总额大于零

D. 该亏损产品的变动成本大于其单价

18. 当剩余生产能力无法转移时，企业不应接受追加订货的情况是_____。

A. 订货价格低于单位完全成本

B. 订货冲击原有生产能力

C. 追加订货的贡献毛益高于减少的正常收入，但余额少于追加的专属成本

D. 以上均错

四、多项选择题

1. 某企业年需要A材料2 000千克，单价为1 000元，一次订货成本为40元，年储存成本为买价的1%，则其经济订货量（金额）和经济订货次数分别为_____。

A. 经济订货量 400 千克 B. 经济订货量 40 000 元
C. 经济订货次数 5 次 D. 经济订货次数 6 次
E. 经济订货量 4 000 元,经济订货次数 5 次

2. 存货过多,会导致_____。
A. 占用大量的流动资金 B. 增加仓库设施,扩大仓库容量
C. 增加管理费用,提高产品成本 D. 易形成自然损耗
E. 增加储存成本

3. 在对亏损产品的变动成本进行分析之后,可以作出的选择有_____。
A. 停产 B. 继续生产 C. 出让 D. 出租
E. 转产

4. 下列各项中,属于缺货成本的有_____。
A. 停工期间的固定成本 B. 因停工待料发生的损失
C. 无法按期交货而支付的罚款 D. 停工期间的人员工资
E. 因采取应急措施补足存货而发生的超额费用

5. 产品生产决策包括_____。
A. 生产何种产品的决策 B. 亏损产品停产、转产的决策
C. 接受追加订货的决策 D. 零部件自制与外购的决策
E. 经济订货量决策

6. 存货成本包括_____。
A. 采购成本 B. 订货成本 C. 储存成本 D. 缺货成本
E. 安全存量

7. 储存成本包括_____。
A. 仓库折旧费 B. 到货验收费
C. 仓库管理费 D. 存货占用资金的利息
E. 物资陈旧变质、损失、折耗所发生的费用

8. 缺货损失包括_____。
A. 缺货引起的停工损失 B. 延期交货支付的罚金
C. 信誉损失 D. 失去销售机会的损失
E. 货款支付手续费

9. 影响经济订货点的因素有_____。
A. 经济订货量 B. 正常消耗量 C. 提前期 D. 安全储备量
E. 以上均错

10. 影响成本加成定价结果的主要因素包括_____。
A. 成本基础 B. 目标利润水平 C. 业务量水平 D. 加成率

五、简答题

1. 有人说:"为了改变企业的亏损状态,凡是亏损产品都应停产",你认为这句话

对不对？为什么？

2. 如何对半成品立即销售还是加工成产成品销售进行决策？

3. 零部件是自制还是外购的决策需要考虑哪些因素？

4. 在进行要不要接受特殊订货的决策分析时，有人提出："凡是该批订货的单价低于按完全成本法计算的单位成本，均不宜接受。"这句话对不对？为什么？

5. 在存货决策中，需要考虑哪几项成本？

6. 简述存货决策中计划和控制的意义。

7. 什么是缺货成本？怎样确定缺货条件下的经济批量？

项 目 实 训

项目实训 6-1：亏损产品是否停产的决策

一、资料

某企业生产 A、B、C 三种产品，根据年度会计决算的结果，A 产品盈利 75 000 元，B 产品盈利 19 000 元，C 产品亏损 60 000 元，其他有关资料如表 6-1 所示（其中固定成本 400 000 元按变动成本总额分配）。

表 6-1   A、B、C 产品资料表

项 目	产品 A	产品 B	产品 C	合 计
销售量/件	1 000	1 200	1 800	4 000
单位售价/元	900	700	500	
单位变动成本/元	700	580	450	
单位贡献毛益/元	200	120	50	
贡献毛益总额/元	200 000	144 000	90 000	434 000
固定成本/元	125 000	125 000	150 000	400 000
利润/元	75 000	19 000	−60 000	34 000

二、要求

分析 C 产品是否要停产。

项目实训 6-2：半成品是否进一步加工的决策

一、资料

某化工企业在生产过程中同时生产 A、B、C、D 四种新产品，其中 B 产品可以在分离后立即出售，也可继续加工后出售。B 产品的产量为 8 吨，分离后立即出售的单价为 6 000 元，加工后出售的单价为 10 000 元，联合成本为 2 000 万元，可分成本为单位变动成本 5 000 元、固定成本 20 000 元。

二、要求

对 B 产品是否进一步加工作出决策。

项目实训 6-3：新产品投产的决策

一、资料

某企业的全部生产能力为 20 000 机器小时，企业目前生产 B、C 两种产品，实际生产能力利用率只有 80%。根据市场调查，企业利用剩余生产能力既可增产 B 产品，也可增产 C 产品。两种产品的有关资料如表 6-2 所示。

表 6-2　　　　　　　　　　B、C 产品资料表

项　目	B 产品	C 产品
单位产品定额工时/小时	20	25
单位售价/元	90	100
单位变动成本/元	72	80
单位贡献毛益/元	18	20

二、要求

根据上述资料，确定企业应增产何种产品？

项目实训 6-4：亏损产品是否停产的决策

一、资料

某企业生产 A、B、C 三种产品，其中 B 产品发生亏损，有关资料如表 6-3 所示。

表 6-3　　　　　　　　A、B、C 产品资料表　　　　　　　　单位：元

项　目	A 产品	B 产品	C 产品	合　计
销售收入	90 000	60 000	50 000	200 000
变动成本	55 000	50 000	30 000	135 000
贡献毛益	35 000	10 000	20 000	65 000
固定成本	15 750	10 500	8 750	35 000
利润总额	19 250	−500	11 250	30 000

该企业的固定成本按销售收入比例分摊。

二、要求

对 B 产品是否停产作出决策。

项目实训 6-5：亏损产品是否转产的决策

一、资料

假定在上题中，企业停产 B 产品后，准备转产 D 产品，D 产品的销售单价为 20

元,单位变动成本为15元,全年预计销售量为2 500件。

二、要求

对B产品是否转产作出决策。

项目实训 6-6：零部件是自制还是外购的决策(1)

一、资料

某企业全年需要A零件,其外购单价为15元,自制单位变动成本为10元,如果自制,每年需增加专属固定成本2 400元。

二、要求

对A零件是自制还是外购作出决策。

项目实训 6-7：零部件是自制还是外购的决策(2)

一、资料

某厂生产上需用某种零件,如自行制造,每单位的变动成本为1元,但需为此购置一台专用设备,购价为3 500元。如外购,采购量在10 000件以内,每单位的外购单价为1.55元;采购量超过10 000件的,每单位的采购单价为1.30元。

二、要求

对该零件是自制还是外购作出决策。

项目实训 6-8：半成品是否进一步加工的决策

一、资料

某企业生产的A半成品售价为20元,单位成本为15元,产量为6 000件。A半成品也可继续加工成B产品,B产品的单位售价为25元,但需追加固定成本2 000元,每件需追加变动成本4元。

二、要求

对A半成品是否进一步加工作出决策。

项目实训 6-9：存货决策

一、资料

某厂每年使用A材料8 000个单位,该材料储存成本中的付现成本为每单位4元,单位成本为60元,该单位的资本成本率为20%,每批订货成本为1 000元。

二、要求

计算其经济订货量、经济订货批数和年最低成本合计。

项目实训 6-10：存货决策

一、资料

某供应商销售甲材料时,由于运输原因,只能接受300件的整数倍批量的订单

(如 300 件、600 件、900 件),不接受其他的订单(如 500 件)。某公司甲材料的全年需用量为 2 000 件,每次订货成本为 120 元,每件材料的年储存成本为 3 元。

二、要求

(1) 计算不考虑订单限制时的经济订购批量。

(2) 计算考虑订单限制时的最佳订购量。

项目实训 6-11:定价决策

一、资料

某企业预计年生产 A 产品 20 000 件,工厂总成本为 900 000 元,其中直接材料为 560 000 元,直接人工为 160 000 元,其他变动费用为 80 000 元,固定费用为 100 000 元,目标成本利润率为 40%。

二、要求

按成本加成法确定 A 产品的价格,并确定生产 18 000 件、22 000 件时的价格。

案 例

案例 6-1

梦想汽车公司是一家智能汽车制造企业,主营业务是制造和销售 X、Y、Z 三种型号的乘用汽车,梦想汽车公司现有产研、技术、生产制造和销售售后等部门。梦想汽车的制造基地,涵盖冲压、焊装、涂装、总装、检测线、物流、信息技术等完整的整车生产工艺,采用大量的先进工艺和设备,实行多基地并行运营的模式,保障汽车制造品质达到豪华品牌标准,工厂全面采用绿色材料、绿色工艺及节能减排技术,实现"高品质、智能化、零污染"的生产。梦想汽车公司具体相关资料如下:

资料一:梦想汽车公司 X、Y、Z 三种型号智能汽车的制造都需要使用一台生产设备,该设备是梦想汽车公司的约束资源,年加工能力为 4 000 小时,梦想汽车公司 2022 年固定成本总额为 3 000 万元。假设 X、Y、Z 三种型号汽车当年生产、当年销售,年初、年末没有存货,预计 2022 年 X、Y、Z 三种型号汽车的市场正常销量及相关资料如表 6-4 所示。

表 6-4　　　　　预计市场正常销量及相关数据

	X 型号	Y 型号	Z 型号
市场正常销量/辆	1 500	600	1 000
单位售价/万元	15	12	8
单位变动成本/万元	12	8	5
单位约束资源消耗/小时	3	2	1

为了有效利用现有的一台关键设备，总经理要求财务部门对X、Y、Z三种型号汽车的生产安排先后顺序和并对产量提出意见，还要求财务部门计算在该生产安排下，该公司税前营业利润的总额。

资料二： 梦想汽车公司X型号汽车的甲零件既可以自制，又可以外购。

方案一：自制甲零件。其单位成本如下：直接材料成本40元；直接人工成本5元；变动制造费用5元；固定制造费用14元。其单位成本合计为64元。

方案二：外购甲零件。梦想汽车公司每年需用甲零件80 000件，每件单价为60元，梦想汽车公司拥有多余的生产能力且无法转移。厂长要求财务部门就选择自制还是外购方案提出管理意见。

财务部门共有两名人员（小王、小张）参与生产计划的制定工作。首先，小王认为甲零件应该选择自制，由于企业拥有多余的生产能力，固定成本属于无关成本，不需考虑，因此甲零件自制的单位变动成本为50元，由直接材料40元、直接人工5元、变动制造费用5元合计得到，而外购甲零件单价为60元，自制的成本要低于外购，因此小王认为应该自制方案。这时，小张针对小王的方案提出不同的看法。小张认为，自制甲零件的单位成本合计为64元，高于外购的每件单价为60元，因此小张认为外购成本更低，选择外购方案更为经济。

资料三： 梦想汽车公司在新增关键设备后，X型号汽车年生产能力从原来的1 500辆增至1 800辆。现有未来汽车销售公司向梦想汽车公司追加订购X型号汽车，每辆车报价为13万元。相关情况如下：

情景一：假设梦想汽车公司剩余生产能力无法转移，如果特殊订单为300辆，为满足生产需要，梦想汽车公司需另外支付年专属成本200万元。

情景二：假设剩余生产能力可以对外出租，年租金为250万元，如果特殊订单为350辆，将冲减梦想汽车公司原正常销量50辆。

总经理要求财务部门计算并分析两种情景下梦想汽车公司是否应接受特殊订单并提供梦想汽车公司有闲置能力时汽车定价的区间范围。

问题：

1. 根据资料一，请你帮财务部门计算梦想汽车公司X、Y、Z三种型号汽车的生产安排先后顺序和产量。在该生产安排下，税前营业利润总额是多少？

2. 根据资料二，你认为梦想汽车公司X型号汽车的甲零件该选择自制方案还是外购方案，厂长会选择谁的方案，请说明理由。

3. 根据资料三，请你帮财务部门分别计算并分析两种情景下梦想汽车公司是否应接受特殊订单，并简要说明梦想汽车公司有闲置能力时汽车定价的区间范围。

项目七　长期投资决策

学习指导

一、学习目的与要求

通过本项目的学习,要求学生了解长期投资的特点,建立起货币时间价值的观念,掌握资金成本的含义及计算方法;了解现金流量的含义及内容,并能熟练地计算现金净流量;掌握各种投资决策指标的计算方法,并结合长期投资决策的几种典型情况,掌握长期决策分析的专门方法及具体应用。

二、重、难点问题

(1) 货币时间价值。
(2) 资金成本和现金流量的概念与计算。
(3) 长期投资决策分析时有关评价指标的计算。

三、内容提要

长期投资通常需要投入大量的资金,而且大多要经过较长时期才能收回,因此,长期投资活动对企业的生存和发展有很大的影响。本项目的主要内容包括:长期投资决策分析时需考虑的重要因素;长期投资决策分析的各种方法;长期投资决策中计算的指标(包括静态指标和动态指标两类),动态指标的计算对评价长期投资决策方案具有极为重要的意义。本项目还通过有关典型案例,介绍长期投资决策分析的各种专门方法的具体应用。

习　　题

一、名词解释

货币时间价值　复利终值　复利现值　资金成本　现金流量　年金　永续年金

投资回收期　年平均投资报酬率　净现值　现值指数　内含报酬率　固定资产经济寿命期

二、判断题

1. 货币的时间价值是在没有通货膨胀和风险的条件下的社会平均资本利润率。（　）
2. 当通货膨胀率很低时，人们常习惯于将银行利率视同货币的时间价值。（　）
3. 每年年末支付500元，假设年利率为5%，5年后本利和为2 901元。（　）
4. 普通年金与预付年金的终值相同。（　）
5. 年金是指每隔一定时期等额收或支的款项。普通年金是指每年年初进行等额收或支的款项。（　）
6. 现金流量是指一项投资方案所引起的未来一定期间内所发生的现金流出与现金流入的数量，统称为现金流量。（　）
7. 现金流量与利润的主要区别是，前者的计算以收付实现制为基础，后者的计算以权责发生制为基础。（　）
8. 在计算现金流量时，无形资产摊销额的处理与折旧额相同。（　）
9. 在利率和计息期数相同的条件下，复利现值系数与复利终值系数互为倒数。（　）
10. 普通年金现值系数加1等于同期、同利率的预付年金现值系数。（　）
11. 相对于短期经营决策来说，长期投资决策要承担的风险更小。（　）
12. 复利现值就是求本利和。（　）
13. 一般来说，原始投资是现值，终结现金流量是终值。（　）
14. 投资回收期越短，表明该项投资的效果越好，风险越小。（　）
15. 投资回收期指标易于计算和理解，在实际工作中可单独用于评价项目的经济效益。（　）
16. 两个原始投资额不等的方案，衡量优劣应以净现值为准。（　）
17. 一个方案的净现值如果大于零，那么，其现值指数肯定大于1。（　）
18. 若一个项目的内含报酬率大于资金成本，则该项目可行。（　）
19. 在采用逐次测试法时，若第一次测试结果是净现值大于零，则在第二次测试时，所选折现率应降低。（　）
20. 随着固定资产使用时间的推移，其运行成本和持有成本呈反方向变化，两者之和在坐标图中呈现出马鞍形。（　）

三、单项选择题

1. 一个投资项目的净现值表示_____。
   A. 现金流入量与现金流出量之差

B. 现金流入量现值与现金流出量现值之差
C. 现金流入量现值与现金流出量现值之差
D. 各年净现金流量现值与投资额之差

2. 某公司于2018年1月1日借入一笔款项,定于2022年12月31日归还本金和利息,如每年复利一次,则到期归还数额为_____。
   A. 本金乘以5年期普通年金终值系数
   B. 本金乘以5年期即付年金终值系数
   C. 本金乘以5年期复利终值系数
   D. 本金乘以5年期复利现值系数

3. 下列关于长期投资决策特点的叙述中,错误的是_____。
   A. 投资额大   B. 资金占用时间长
   C. 一次投资、分次收回   D. 风险较小

4. 不仅要计算本金的利息,而且要计算利息的利息,这种计算方法称为_____。
   A. 单利   B. 复利   C. 终值   D. 现值

5. 下列筹资方式中,属于借入资金的是_____。
   A. 优先股   B. 普通股   C. 企业留利   D. 债券

6. 下列筹资方式中,资金成本最高的是_____。
   A. 优先股   B. 普通股   C. 企业留利   D. 债券

7. 固定资产的经济寿命是指_____达到最低的使用年限。
   A. 总成本   B. 年平均使用成本   C. 净现值   D. 现值指数

8. 求年平均使用成本,也就是求_____。
   A. 现值   B. 终值   C. 年金   D. 以上都不是

9. 回收固定资产的残值属于_____。
   A. 现金流入 B. 现金流出 C. 投资   D. 以上都不对

10. 某项目年营业收入为140万元,年付现成本为60万元,年折旧为40万元。所得税税率为25%。则该方案经营期的年现金净流量为_____万元
    A. 40   B. 70   C. 78   D. 52

11. _____的计算本身与事先设定的折现率无关。
    A. 内含报酬率 B. 投资回收期 C. 净现值   D. 现值指数

12. 与年金终值系数互为倒数的是_____。
    A. 年金现值系数 B. 投资回收系数 C. 偿债基金系数 D. 现值系数

13. 分期付款购买设备,每年年初付款500元,共付5年,如果利率为10%,相当于现在一次性付款_____元。
    A. 1 895.5   B. 2 084.95   C. 1 677.5   D. 3 040

14. 下列各项投资中,通常被认为没有风险的货币时间价值为_____。
    A. 股利   B. 长期借款利息 C. 债券利息   D. 国债利息

15. 递延年金的特点是_____。
    A. 没有终值   B. 没有第一期的支付额

C. 没有现值　　　　　　　　　　D. 上述情况都不对
16. 现值指数_____就表示该项目具有正的净现值,对企业有利。
    A. 大于零　　B. 小于零　　C. 大于1　　D. 小于1
17. 某投资项目,若用10％作贴现率,其净现值为250元;若用12％作贴现率,其净现值为－120元。则该项目的内含报酬率为_____。
    A. 8.65％　　B. 13.85％　　C. 11.35％　　D. 12.35％
18. 在评价投资方案经济效益的方法中,_____属于非贴现的现金流量法。
    A. 回收期法　　　　　　　　　B. 净现值法
    C. 现值指数法　　　　　　　　D. 内含报酬率法

四、多项选择题

1. 递延年金具有_____的特点。
   A. 终值大小与递延期有关　　　B. 计算终值的方法与普通年金相同
   C. 计算现值的方法与普通年金相同　D. 第一期没有收入或支付金额
   E. 最后一期没有收入或支付金额
2. 永续年金的特点有_____。
   A. 没有现值　　B. 没有终值　　C. 每期等额支付
   D. 每期支付额不定　E. 没有复利值
3. 投资决策分析使用的贴现指标主要有_____。
   A. 会计收益率　　B. 内含报酬率　　C. 偿还期　　D. 净现值
   E. 现值指数
4. 个别资本成本受_____的影响。
   A. 资金实际年占用费　　　　　B. 资金的筹资总额
   C. 同期银行利率　　　　　　　D. 资金筹集费
   E. 资金占用时间
5. 企业在进行长期投资决策时,应重点考虑的因素有_____。
   A. 时间价值　　　　　　　　　B. 企业当期损益
   C. 风险价值　　　　　　　　　D. 企业预期净利
6. 当方案的净现值＝0时,该方案的_____。
   A. 净现值指数＝0　　　　　　B. 现值指数＝1
   C. 净现值指数<0　　　　　　D. 现值指数<1
7. 与计算内含报酬率有关的因素为_____。
   A. 原始投资　　　　　　　　　B. 银行利率
   C. 每年现金流量　　　　　　　D. 投资项目的有效年限
8. 下列属于现金流出量的有_____。
   A. 固定资产投资　　　　　　　B. 流动资产垫支
   C. 项目投资后每年可增加的营业收入　D. 营业净收益　　E. 折旧

9. 下列关于现金净流量的计算正确的有_____。
   A. 现金净流量＝现金流入量－现金流出量
   B. 现金净流量＝销售收入－付现成本－所得税
   C. 现金净流量＝销售收入－付现成本＋所得税
   D. 现金净流量＝税后净利＋折旧
   E. 现金净流量＝税后净利－折旧
10. 对于同一个投资方案来说，下列表述正确的有_____。
    A. 当资金成本与内含报酬率相等时，净现值为零
    B. 当资金成本高于内含报酬率时，净现值为负数
    C. 资金成本越高，净现值越小
    D. 资金成本越高，净现值越大
    E. 资金成本高低与净现值大小无关

五、简答题

1. 什么是货币时间价值？为什么在进行投资决策时要考虑这个因素？
2. 什么是现金流量？它的具体内容有哪些？
3. 简述投资回收期法的优缺点。
4. 什么是资金成本？资金成本在长期投资决策中有何意义？
5. 长期投资决策分析方法有哪几种？各有什么优缺点？
6. 什么是固定资产的经济寿命期？如何进行设备最优更新期的决策分析？

项 目 实 训

项目实训 7-1：资金时间价值的应用(1)

一、资料

P 公司拟购置一台机器，购价为 90 000 元，可使用 8 年，期满无残值。购置该设备后每年可节约人工成本 15 000 元。折现率为 12%。

二、要求

确定应否购置该机器。

项目实训 7-2：资金时间价值的应用(2)

一、资料

红星厂准备 8 年后用 240 000 元购置一台机床，银行存款利率为 9%（每年复利一次）。该公司准备每年年末等额存入银行一笔钱，计划 8 年后用其本息购置该机床。

二、要求

计算红星厂每年年末需等额存入银行多少钱。

项目实训 7-3：资金时间价值的应用(3)

一、资料

某厂新购进一台先进设备,共花费了 300 000 元。该设备预计可使用 6 年,期末残值为 10 000 元。预计该设备每年可使该厂回收净利和折旧共计 70 000 元。该厂购置设备的借款利率为 12%(复利)。

二、要求

判断此项购置方案是否可行。

项目实训 7-4：最佳筹资方案的选择

一、资料

W 公司拟筹资建设一条生产线,现研究决定用银行借款、债券和发行优先股三种方式筹资,各种筹资方式的资金成本已定,但筹资结构未定,有关数据如表 7-1 所示。

表 7-1　　　　　　　　　　W 公司的筹资结构　　　　　　　　金额单位：万元

筹资方式	资金成本率	方案 1	方案 2	方案 3
银行借款	8%	40	30	35
债　券	10%	30	40	45
优先股	14%	30	30	20

二、要求

根据上述资料选择最佳的筹资方案。

项目实训 7-5：现金净流量的计算

一、资料

光明公司新增一条流水线,投资 620 万元,可用 6 年,期满时的残值为 20 万元,按直线法计提折旧。项目投产后每年可增加销售收入 300 万元,同时增加付现成本 120 万元,所得税税率为 25%。

二、要求

计算光明公司各年的现金净流量。

项目实训 7-6：净现值法的应用(1)

一、资料

大兴公司有一台设备既可生产甲产品也可生产乙产品。甲、乙两种产品在各年年末发生的现金净流量资料如表 7-2 所示。

表 7-2　　　甲、乙两种产品在各年年末发生的现金净流量　　　　　单位：元

品　种	第 1 年	第 2 年	第 3 年	第 4 年
甲产品	90 000	80 000	70 000	60 000
乙产品	70 000	80 000	90 000	100 000

该公司的预期投资报酬率为16%。

二、要求

利用净现值法判断生产哪种产品较为合适。

项目实训7-7：净现值法的应用(2)

一、资料

某厂拟建立一条新生产线,估计购置成本为100 000元,可使用10年,残值为10 000元,采用新生产线后每年可增加利润21 000元,贴现率为20%(采用直线法折旧)。

二、要求

计算净现值,并作出评价。

项目实训7-8：投资回收期及年平均投资报酬率的计算

一、资料

某企业购买一台机器,价值为20 000元,预计可使用年限为8年,残值为零,按直线法折旧。每年可生产产品5 000件(假定当年全部销售),该产品售价为每件6元,单位变动成本为4元,固定成本(不包括折旧)为5 000元。

二、要求

计算该机器的投资回收期、年平均投资报酬率。

项目实训7-9：内含报酬率的计算

一、资料

某投资方案原始投资额为200 000元,有效期为4年,期满无残值。每年净利润均为20 000元。

二、要求

计算该投资方案的内含报酬率。

项目实训7-10：运用不同方法对投资方案进行评价

一、资料

大成公司现有A、B两个投资方案,两个方案的投资额均为20万元,资金成本率为12%,项目寿命为5年。A方案每年的现金净流量为8万元,B方案每年的现金净流量分别是10万元、9万元、7.5万元、7万元、6万元。

二、要求

用净现值法、现值指数法、内含报酬率法及回收期法对大成公司A、B两个方案进行比较评价。

项目实训7-11：设备是否进行更新的决策

一、资料

设大成公司有一台旧设备,重置成本为12 000元,年运行费用为8 000元,6年后报废，无残值。如果用 40 000 元购买一台新设备，年运行成本为 6 000 元，使用寿命为 8 年，8 年后残值为 2 000 元。新旧设备的产量及产品销售价格相同。另外，企业计提折旧的方法为直线法，企业的资金成本率为 10%，企业所得税税率为 25%。

二、要求

通过计算对大成公司是继续使用旧设备还是将其更换为新设备进行决策。

案　例

案例 7-1

同大公司是南京市的一家民营企业，成立初期，由于业务较为简单，暂由东方会计师事务所代理记账。现在，公司规模逐渐扩大，正式雇用刚刚大专毕业的赵静担任公司会计。赵静未经过正规实习，经验不足，对公司以下几笔业务总是计算不清，于是向专家求助。

(1) 2022 年 1 月 1 日，同大公司拟向某信托投资公司融资租赁一台万能机床，双方在租赁协议中明确：租赁截止期为 2027 年 12 月 31 日，年租金为 5 600 元，于每年年末支付一次，信托投资公司要求的利息及手续费通常为 5%。红星机床厂得知此事后，主动与同大公司联系，愿意以 28 000 元的价格将一台同样的机床出售给同大公司，赵静陷入了矛盾之中。

(2) 公司拟于 2022 年 8 月在西北大学设立一笔"助成奖学基金"，奖励计划为：每年特等奖 1 人，奖金为 1 万元；一等奖 2 人，每人奖金为 5 000 元；二等奖 3 人，每人奖金为 3 000 元；三等奖 4 人，每人奖金为 1 000 元。目前银行存款年利率为 4%，并预测短期内不会发生变动，赵静不知这次应向银行存入多少钱。

(3) 同大公司在 2019 年 1 月 1 日向某银行南京分行借入一笔款项，银行贷款年利率为 6%，同时公司与南京分行约定：前四年不用还本付息，但从 2022 年 12 月 31 日起至 2025 年 12 月 31 日止，每年年末要偿还本息 2 万元。赵静想知道当初公司向该银行借入了多少钱？

问题：

1. 如何计算年金的现值与终值？
2. 企业如何利用年金的现值与终值进行决策？

案例 7-2

龙兴球拍公司是一家网球、羽毛球拍的制造商。总经理朱龙设计出一种高质量的球拍，其销路非常好，每年营业额直线上升。

公司会计李山不断向朱龙提供合理化建议。例如，朱龙坚持公司只生产木制的球拍,但李山觉得也应该生产其他类型的球拍,使公司能够多元化经营。

朱龙经过思考,接受了李山的建议,准备更新球拍的一条生产线,但需要李山研究这项决策的优缺点。现有的制造方法需要1台机器、3名工人,其中2人负责球拍制造,1人负责包装及装箱。机器在购买时的价值为22万元,估计可用10年,无残值,现在已用7年,公司按直线法折旧,这台机器现在可按账面价值出售,所得税税率为25%。

朱龙发现类似的设备可在长化公司购买,因此,他请长化公司派人到公司察看,并请其提出可行性方案。长化公司提出了两个方案:

(1) 购买类似机器。新机器价格为36万元,安装费用为2万元,估计使用年限为10年,10年后可按2万元价格出售,但需花费8 000元清理费,且此机器每5年翻修一次,每次费用为2万元。

(2) 购买自动化程度较高的机器。可节省1名工人,此自动化机器价格为614 600元,安装费为21 400元,估计使用10年,每5年翻修一次,每次花费40 000元,10年后可按40 000元价格出售,但清理费用为12 000元。

工厂现时营运状况为每周开工50小时,采用一班制,但员工全年领取52周的工资,平均年薪为30 000元。

朱龙觉得两种机器所生产出来的产品,其品质、数量都相同。长化公司另外提供一种包装和装箱的机器,这种机器安装在生产线上可节省1名工人。此机器价格为412 000元,使用年限为10年,每5年维修一次,费用为28 000元,10年后无残值。根据不同的机器组合,生产线上的工人可为1、2、3人。

李山知道朱龙在过去5年中从未辞去1名工人,所以他会反对辞掉工人,并会说:"王成还有两年退休,李萍还有四年退休,我不知道是否要买这新机器,但公司一定仍然要雇佣所有员工。"

李山计划从税后盈余及现金流量来评估各方案下的资金支出,在作评估前,他先列出机器更新的方案。

方案A:购买类似机器,但不购买包装和装箱机器。

方案B:购买类似机器,且购买包装和装箱机器。

方案C:购买自动化机器,但不购买包装和装箱机器。

方案D:购买自动化机器,且购买包装和装箱机器。

李山知道方案B、C、D会导致员工减少,方案B、C会减少1名员工,方案D会减少2名员工。他也知道在受影响的工人退休前,这些人力的减少不会影响现金流量。

另外,由于龙兴球拍公司前景十分乐观,被很多投资商看中。一家投资商想贷款给龙兴球拍公司5 000万元,但条件是:直接扣除200万元作为手续费,头两年不偿还利息,以后按13.6%的利率付息,共付息14年;龙兴球拍公司不必偿还本金。这对于目前想购买设备,并且扩大公司规模的朱龙来说,可能是一件好事。那么,他该不该接受这笔资金呢?

问题:

1. 计算各方案的现金流量(翻修费视为当年费用)。

2. 运用净现值法选择最佳方案(假设折现率为10%)。
3. 若人工节省的金额改变或投资时间改变,对最佳方案选择有何影响?
4. 朱龙是否应接受投资商的这笔贷款?为什么?

案例 7-3

美味饮料公司位于中国北方,生产易拉罐水果味饮料,生产过程为连续性生产。由于受北方气候环境影响,公司的生产经营也有旺季和淡季之分。目前公司财务主管面临着下面的问题:

在公司所在地100千米以外的一个叫黑山乡的地方,有一股一年四季长流不息的山泉。2010年,国家将黑山乡周围方圆几十千米的山泉流域区定为旅游区,从而引来了四面八方的观光客。后来经有关部门的水质分析鉴定,认为该山泉不仅符合饮用水标准,而且水中还含有多种人体生长所需要的微量元素,有开发的经济价值。2011年年初,黑山乡引进投资,购置了山泉水瓶装生产线,在当地建立了经营山泉水的公司。由于该公司的瓶装能力远远小于纯净山泉水的自然资源提供量,使这一宝贵的自然资源白白流失。为了使这些自然资源为乡里的经济发展提供财源,黑山乡购置了10辆水罐车向附近地区的企事业单位运送廉价山泉水。但由于附近地区的企业多半处于停产或半停产状态,山泉水的需求数量有限,每天充其量需要4辆车就足够了。闲置的6辆车成了闲置资金。因此,当黑山乡得知美味饮料公司开发罐装山泉水品种时,就主动向美味饮料公司提出转让水罐车或租赁水罐车的意向,并提出了转让的优惠价和租金标准。公司领导责成财务部门去认真研究这个问题。

财务主管李先生担任了这个项目的主要负责人。他首先了解了相关信息,得知情况如下:如果购置车辆,按公司的产量需求,要保证山泉水供给,需要购置1辆水罐车,按照黑山乡的标价,每辆车为8万元,其价格低于市场价格的5%。每辆水罐车每年的运行支出为:油料费2 400元,养路费800元,车船税480元,司机月工资1 000元,车辆保养费1 600元,车辆保险费1 200元,其他费用2 000元。同时,假定该车运行年限为6年,净残值为5 000元。如果租赁,按季承租水罐车每季租金为15 000元(含司机工资及其他各项费用支出)。由于公司为饮料生产企业,生产经营有旺季和淡季之分,公司淡季为6个月,但租金要在年初支付。同时,李先生知道银行长期贷款年利率为8%。

问题:

1. 评价投资方案有哪些方法?
2. 李先生将会如何比较不同的投资方案以作出决策?

案例资料来源:

李雪松,企业财务管理咨询与诊断,中国经济出版社。(有删改)

项目八 成 本 控 制

学 习 指 导

一、学习目的与要求

通过本项目的学习,要求学生掌握标准成本控制的构成内容、标准成本的概念及其制定方法;重点掌握成本差异的计算和分析;掌握作业成本法的基本原理及处理方法;了解成本控制的原则以及成本控制的含义和分类。

二、重、难点问题

(1) 成本控制的含义。
(2) 标准成本控制,包括标准成本及其制定方法。
(3) 成本差异的计算和分析。
(4) 作业成本法的基本原理及处理方法。

三、内容提要

标准成本控制具有事前估算成本,事中和事后计算与分析成本并揭露矛盾的功能,是始终围绕标准成本的相关指标而设计的,是将成本的前馈控制、反馈控制及核算功能有机结合而形成的一种管理活动。

标准成本控制包括标准成本的制定、成本差异的计算分析和成本差异的账务处理等三方面的内容。标准成本的制定与成本的前馈控制相联系,成本差异的计算分析与成本的反馈控制相联系,成本差异的账务处理与成本的日常核算相联系。在标准成本控制系统中,成本差异是指在一定时期生产一定数量的产品所发生的实际成本总额与标准成本总额之间的差额。按照不同的分类方法,成本差异可分为:价格差异与数量差异;有利差异与不利差异;可控差异与不可控差异。

直接材料成本差异是指一定产量的直接材料实际总成本与其标准总成本之间的差额。直接工资成本差异是指一定产量的直接工资实际总成本与其标准总成本之间的差额。变动制造费用成本差异是指一定产量的变动制造费用的实际发生额与其标准发生额之间的差额。固定制造费用成本差异是指一定产量的固定制造费用实际发生额与其标准发生额之间的差额。

作业成本法即 ABC 法(activity-based costing),是根据产品或劳务与作业、作业链和价值链的关系,对成本动因加以分析,选择"作业"作为成本计算对象,用以归集和分配经营费用的一种成本核算方法。相比于传统成本计算方法,作业成本法更为科学、准确,更便于分析。

习　　题

一、名词解释

标准成本控制　标准成本　成本差异　价格标准　数量差异　资源动因

二、判断题

1. 标准成本制度不仅可以用于制造类企业,也可以用于服务类企业。（　）
2. 直接人工效率差异、变动制造费用效率差异和固定制造费用效率差异三者形成的原因是相同的,只是程度不同。（　）
3. 直接材料价格差异、直接人工工资率差异和变动制造费用分配率差异属于价格差异。（　）
4. 直接人工效率差异和变动制造费用分配率差异属于价格差异。（　）
5. 固定制造费用效率差异是指单位产品耗用工时差异对固定制造费用成本差异的影响。（　）
6. 在成本差异分析中,数量差异的大小是由用量脱离标准的程度以及实际价格的高低决定的。（　）
7. 传统成本计算所采用的是单一数量计算基准,作业成本计算则采用多种成本动因作为分配基准。（　）
8. 资源动因是指资源被各种作业消耗的方式和原因,是作业中心的成本分配到产品中的标准。（　）

三、单项选择题

1. 在标准成本控制下的成本差异是指＿＿＿＿。
   A. 实际成本与标准成本的差异　　B. 实际成本与计划成本的差异
   C. 预算成本与标准成本的差异　　D. 实际成本与预算成本的差异
2. 下列选项中,属于标准成本控制系统前提和关键的是＿＿＿＿。
   A. 标准成本的制定　　　　　　　B. 成本差异的分析
   C. 成本差异的计算　　　　　　　D. 成本差异的账务处理
3. 固定制造费用的实际金额与预算金额之间的差额称为＿＿＿＿。

A. 预算差异 B. 能量差异
C. 效率差异 D. 闲置能量差异

4. 标准成本控制的重点是_____。
A. 标准成本的制定 B. 成本差异的计算分析
C. 成本控制 D. 成本差异的账务处理

5. 实际工作中运用最广泛的一种标准成本是_____。
A. 理想的标准成本 B. 宽松的标准成本
C. 现实的标准成本 D. 正常的标准成本

6. 下列属于用量标准的是_____。
A. 材料消耗量 B. 小时工资率
C. 原材料价格 D. 小时制造费用率

7. 在标准成本制度下,分析计算各成本项目价格差异的用量基础是_____。
A. 标准产量下的标准用量 B. 实际产量下的标准用量
C. 标准产量下的实际用量 D. 实际产量下的实际用量

8. 本月生产A产品8 000件,实际耗用甲材料32 000千克,其实际价格为每千克40元。该产品甲材料的用量标准为3千克,价格标准为45元,其直接材料用量差异为_____元。
A. 360 000 B. 320 000 C. 200 000 D. -160 000

9. 计算用量差异的正确公式是_____。
A. 用量差异=(实际价格-标准价格)×实际用量
B. 用量差异=(实际用量-标准用量)×标准价格
C. 用量差异=(实际用量-标准用量)×实际价格
D. 用量差异=(实际价格-标准价格)×标准用量

10. 计算直接材料价格差异时所采用的"用量",是指_____。
A. 实际产量下的实际用量 B. 预算产量下的预算用量
C. 实际产量下的标准用量 D. 标准产量下的标准用量

11. 作业成本法的成本计算是以_____为中心的。
A. 产品 B. 作业 C. 费用 D. 资源

12. _____是作业成本的核心内容。
A. 成本动因 B. 产品 C. 资源 D. 作业

13. 使用作业成本法计算技术含量较高、生产量较小的产品,其单位成本与使用传统成本法计算相比,要_____。
A. 高 B. 低 C. 一样 D. 不一定

四、多项选择题

1. 标准成本控制系统的内容包括_____。
A. 标准成本的制定 B. 成本差异的计算分析

C. 成本差异的账务处理　　　　D. 成本差异的分配
2. 固定制造费用成本差异可分解为_____。
A. 开支差异　　　　　　　　　B. 生产能力差异
C. 效率差异　　　　　　　　　D. 预算差异
E. 能量差异
3. 在实务中，贯彻成本控制的例外原则时，确定"例外"的标志有_____。
A. 重要性　　B. 一贯性　　C. 可控性　　D. 特殊性
E. 变动性
4. 影响直接材料耗用量差异的因素有_____。
A. 工人的技术熟练程度　　　　B. 设备的完好程度
C. 用料的责任心　　　　　　　D. 废品率的高低
E. 材料质量
5. 可以套用"用量差异"和"价格差异"模式的成本项目有_____。
A. 直接材料　　　　　　　　　B. 直接人工
C. 期间费用　　　　　　　　　D. 固定制造费用
E. 变动制造费用
6. 影响人工效率差异的因素主要包括_____。
A. 加工设备的完好程度　　　　B. 工人的劳动生产率
C. 产品质量控制制度　　　　　D. 动力供应情况
E. 材料的质量和价格
7. 作业按受益范围通常分为_____。
A. 单位作业　　　　　　　　　B. 批制作业
C. 产品作业　　　　　　　　　D. 过程作业
8. 成本动因选择主要考虑的因素有_____。
A. 成本计量
B. 成本动因与所耗资源成本的相关程度
C. 成本库　　　　　　　　　　D. 成本中心

五、简答题

1. 简述成本控制的原则。
2. 简述制定标准成本的意义。
3. 简述标准成本控制的内容。
4. 标准成本控制系统的作用是什么？
5. 如何分析原材料成本差异？
6. 如何分析工资成本差异？
7. 如何分析变动制造费用差异？
8. 如何分析固定制造费用差异？

9. 影响固定制造费用差异的因素与影响其他成本费用差异的因素有何不同？为什么？

10. 作业成本法的计算步骤包括哪些？

项目实训

项目实训 8-1：材料成本差异的计算与分解

一、资料

某企业生产甲产品，单位产品耗用的直接材料标准成本资料如表 8-1 所示。

表 8-1　　　　　　　　直接材料标准成本资料

成本项目	价格标准	用量标准	标准成本
直接材料	0.5 元/千克	6 千克/件	3 元/件

直接材料实际购进量为 4 000 千克，单价为 0.55 元/千克；本月生产产品 400 件，耗用材料 2 500 千克。

二、要求

(1) 计算该企业生产甲产品所耗用直接材料的实际成本与标准成本的差异。

(2) 将差异总额进行分解。

项目实训 8-2：固定制造费用差异分析

一、资料

某工厂固定制造费用及有关资料如下：

固定制造费用实际支出总额	61 700 元
实际产量标准工时	16 000 时
固定制造费用预算总额	60 000 元
预算产量标准工时	20 000 时
本年度实际耗用总工时	17 500 时

二、要求

(1) 计算固定制造费用差异总额。

(2) 用两差异法分解成本差异。

(3) 用三差异法分解成本差异。

项目实训 8-3：成本差异的综合计算与分析

一、资料

正方公司只生产 A 产品，该产品 2022 年 6 月份的标准成本资料如表 8-2 所示。

表 8-2　　　　　　　　　　　标准成本资料

项目	金额/元
直接材料(4千克,每千克5元)	20
直接人工(3小时,每小时12元)	36
变动制造费用(3小时,每小时8元)	24
固定制造费用	40
标准成本	120
标准利润	30
标准售价	150

2022年6月的预算固定制造费用为50 000元。假设原材料的库存水平保持不变,2022年6月的营业利润调节表如表8-3所示。

表 8-3　　　　　　　　　　　营业利润调节表

项目	金额/元
预算利润	34 500
销售数量差异	1 500(不利差异)
实际销售数量的标准利润	33 000
销售价格差异	11 000(有利差异)
	44 000
成本差异:	
直接材料价格差异	1 070(不利差异)
直接材料用量差异	750(不利差异)
直接人工工资率差异	820(不利差异)
直接人工效率差异	2 400(不利差异)
变动制造费用支出差异	1 640(有利差异)
变动制造费用效率差异	1 600(不利差异)
固定制造费用支出差异	2 000(有利差异)
固定制造费用数量差异	1 000(不利差异)
实际利润	40 000

二、要求

(1) 计算如下指标:

① 实际销售数量;② 实际生产数量;③ 每件实际售价;④ 每千克原材料实际价格;⑤ 实际工时;⑥ 实际变动制造费用;⑦ 实际固定制造费用。

(2) 指出并解释 2022 年 6 月营业利润调节表中出现的两个重要的差异和可能发生的原因。

项目实训 8-4：作业成本法的计算与分析

一、资料

某制造厂生产甲、乙两种产品，有关资料如下：

(1) 甲、乙产品 2022 年 1 月份有关成本资料如表 8-4 所示。

表 8-4　　　　　　甲、乙产品 2022 年 1 月份成本资料

产品名称	甲	乙
产量/件	100	200
直接材料单位产品成本/元	50	80
直接人工单位产品成本/元	40	30

(2) 1 月初甲产品的产品制造费用（作业成本）为 3 600 元，乙产品的产品制造费用（作业成本）为 4 600 元；月末的产品数量，甲为 40 件，乙为 60 件，总体完工率均为 50%，按照约当产量法在完工产品和在产品之间分配制造费用（作业成本），本月发生的制造费用（作业成本）总额为 50 000 元，相关的作业有 4 个，有关资料如表 8-5 所示。

表 8-5　　　　　　2022 年 1 月份作业情况

作业名称	质量检验	订单处理	机器运行	设备调整准备
成本动因	检验次数	生产订单份数	机器小时数	调整准备次数
作业成本/元	4 000	4 000	40 000	2 000
甲耗用作业量	5 次	30 份	200 小时	6 次
乙耗用作业量	15 次	10 份	800 小时	4 次

二、要求

(1) 用作业成本法计算甲、乙两种产品的单位成本。

(2) 以机器小时数作为制造费用分配标准，采用传统成本计算法计算甲、乙两种产品的单位成本。

(3) 假设决策者计划让单位售价高于单位成本 10 元。根据第(2)问的结果确定甲产品和乙产品的销售单价，试分析可能造成的损失。

案　　例

案例 8-1

一、案例简介

成本是考核企业经济效益的一项综合性指标。在很多企业中，核算成本往往是在各项开支之后算个总账，这对于成本控制毫无意义。实行成本目标管理，就可以做到事先控制成本，是提高企业经济效益的有力措施。红星电表厂自 2021 年实行目标成本管理以来，对企业的计划、生产和销售的全过程实行全员性的成本控制，收到了较好的效果。2021 年比 2020 年可比产品成本下降 9.6%，其中 DD28 电能表单位成本由 19.03 元降至 16.94 元，下降了 11%；2021 年 7 月份又降至 15.69 元，比 2020 年同期下降了 8.2%，比行业平均成本 18.97 元低 17%。由于成本降低，企业盈利显著增加。2021 年 1—7 月份实现利润，按可比口径计算，比前年同期增长 1.4 倍。

二、案例分析

(一) 从分析产品成本入手，确定成本目标

近几年，由于市场需求的变化，该电表厂的产品结构也随之发生了较大变化，从生产精密电表、自动化装置，转而兼产民用单项电能表，但由于部分原材料提价和电能表连续降价（出厂价由 2020 年的 21.8 元，降至 2021 年的 17 元），严重影响了企业经济效益的提高。面对这种严峻的挑战，该厂感到不能怨天尤人、无所作为，而是要视野向内，挖掘潜力，降低成本，用尽可能少的人力、财力消耗获取最大的经济效果。

基于这种认识，该厂开始实行以成本控制为主要内容的目标成本管理。把产量大、占用劳务和资金多的 DD28 电能表作为重点考核产品。财务人员到第一线了解生产经营活动的整个过程和各种定额的执行情况，收集市场需求和价格变动情况，了解同行业的经济技术指标，掌握了大量的第一手资料，摸清了成本的真实性，发现了本厂成本偏高的原因：

一是工时定额偏低，有 30% 的超额因素。压缩定额，可降低单位成本额 1.40 元。

二是材料工艺定额不合理，材料利用率不高，有 20% 的潜力。挖出这部分潜力，可降低单位成本额 0.20 元。

三是外部件价格偏高。仅铝合金压铸件基架和磁铁盒两项就比厂内自己加工每个电能表多付外加工费 0.37 元。

此外，部分原材料和在制品储备量较大，资金占用较多，资金周转速度较慢，企业管理费和车间经费开支较多等，都影响着产品成本。

在摸清家底的基础上，该厂又与全国平均水平和先进水平作比较。全国同行业 DD28 电能表的平均单位成本为 21.50 元，最先进的电表厂的单位成本仅为 15.01 元。经过反复测算、比较，该厂找出了差距，提出降低成本力争达到 14.17 元的奋斗目标。

(二) 从基础工作抓起，补充修订定额，实行两级核算

该电表厂制定了目标成本之后，从基础工作做起，补充修订了工时定额、材料消

耗定额和资金费用定额。

2021年,通过开展技术大比武,提高了职工技术水平;实行超额计件奖,调动职工积极性,提高了生产效率,电能表单台耗用工时由4.5时降至2.01时。2022年又在2021年的基础上,作了进一步调整,修订了工时定额,改变过去凭经验估算的做法,采用"三查一测"的方法,即:查同行业先进水平,查本厂历史最好水平,查现有实际水平,做现场技术测定,测算汇集了63 000个数据,制定的工时定额比2021年实际降低了31%。调整后的工时定额比同行业平均定额2.82小时低51%,处于全国领先水平。

在物资管理上,建立了完整的材料领用制度和回收制度,实行限额发料,并根据生产工艺重新编制了材料消耗定额,新定额比原定额下降了10%。

在资金管理上,着眼于提高资金的使用效果和时间价值,健全了各项资金的管理制度。制定和调整工具费、辅料费、办公费、交通费、杂品费这5项主要费用定额,分别比2021年实际支出压缩了20%~30%。2021年1—7月份,工具、辅料等消耗性费用比前年同期下降67.4%,低值易耗品费用比前年同期下降58.6%。上述两项支出,比控制额低23.1%。此外,核定储备、生产、成品三大资金定额,按车间、部门下达资金、费用、成本的考核指标。同时,还补充制定了主要产品的质量标准,加强了在产品管理。要求供应部门做到按定额采购原材料,生产部门和销售部门做到紧产快销,缩短了生产周期,加速了资金周转。2021年1—7月份,生产资金下降67.4万元,储备资金下降42.4万元,资金周转加速16.7%。

为了及时反映和分析企业经营活动的状况,在普遍修改定额后,实行两级核算。他们克服了人员不足、专业业务知识不足的困难,从车间抽出部分骨干,经短期培训,充实了核算队伍。在较短的时间内,制定出12种型号、222种规格产品,按工序划分的63万个零件、部件、组件和总装等厂内价格,为两级核算提供了可靠依据。现在,车间核算员不仅能依据工、料、费消耗等统计资料核算出车间成本,还能根据厂内价格核算出车间利润,盈亏状况一目了然。

(三)分解指标,推行经济责任制

在推行目标成本管理时,该厂把目标成本与经济责任制挂钩,把生产成本的升降与职工个人的物质利益联系起来,调动了各部门和职工群众的积极性,使目标成本管理变成全厂职工的自觉行动,出现了对产品形成的各个环节实行严格控制的好局面。

2021年,该厂把主要指标分解到部门、车间、班组,对车间实行定员、定产、定奖,生产工人按定额考核,超产计件,多劳多得;对科室也按经济责任制及基本职责考核。在奖金分配上,掌握"个人不封顶、部门不拉平、总额不突破"的原则,鼓励先进,鞭策落后,使目标成本管理得以顺利实行。人人精打细算,勤俭当家,使单位成本中的工资含量下降,材料消耗降低,车间经费支出也有较大幅度的降低。

进入2022年,该厂进一步抓住整顿完善经济责任制这个关键环节,在全厂建立了150个责任岗位,957项责任条款;下达指标,组织各部门、车间算节约账、增收账;经过综合平衡,把14.17元的目标成本分解为51项指标下达各部门,各部门又进一步分解成84项指标,分配给各车间;同时还制定了考核体系、计奖和实施办法。

属于与经济指标直接有关的科室,采取指标包干、超指标增奖、完不成指标受罚的办法;属于以工作指标为重点考核内容的科室,则制定具体指标,按百分制考核;属于科研新品种试制,投产项目直接有关的科室,采取项目包干定奖的办法。

生产车间实行"四定、三保、八包"的考核办法,分解指标,分别落实到班组、个人、机台,群策群力,提合理化建议,改进工艺,提高技术,提高质量,降低成本。

问题:
1. 企业目标成本实现的主要途径有哪些?
2. 成本控制的基本方法有哪些?
3. 比较事前成本控制与事后成本控制的优劣。

案例资料来源:
赵国忠,财务管理案例,高等教育出版社。(有删改)

项目九　战略与风险管理

学习指导

一、学习目的与要求

通过本项目的学习,要求学生熟悉企业战略的概念与企业战略的层次,掌握企业战略管理的过程与内容;熟悉风险的概念与分类,掌握风险管理的策略与方法。

二、重、难点问题

(1) 企业战略的层次。
(2) 战略管理的三个关键要素:战略分析、战略选择、战略实施。
(3) 风险的分类与风险管理的特征。
(4) 风险管理技术与方法。
(5) 风险管理策略的工具。

三、内容提要

战略是企业整合性的管理,是管理人员最重要的活动与技能。企业战略一般分为三个层次:总体战略、业务单位战略、职能战略。

战略管理包含三个关键要素:战略分析、战略选择、战略实施。战略管理是一个循环过程,而不是一次性的工作。要不断监控和评价战略的实施过程,修正原来的分析、选择与实施工作,这是一个循环往复的过程。

风险是指未来的不确定性对企业实现其经营目标的影响。企业面对的主要风险分为两大类:外部风险和内部风险。外部风险主要包括政治风险、法律与合规风险、社会文化风险、技术风险、市场风险等;内部风险主要包括战略风险、运营风险、财务风险等。

风险管理具有战略性、全员性、专业性、多重性、系统性的特征。风险管理的技术与方法主要有头脑风暴法、德尔菲法、流程图分析法、风险评估系图法、情景分析法、敏感性分析法、事件树分析法、决策树法、统计推论法。

风险管理策略是指企业根据自身条件和外部环境，围绕企业发展战略，确定风险偏好、风险承受度、风险管理有效性标准，选择风险承担、风险规避、风险转移、风险转换、风险对冲、风险补偿、风险控制等适合的风险管理工具的总体策略，并确定风险管理所需人力和财力资源的配置原则。风险管理策略的工具共有七种：风险承担、风险规避、风险转移、风险转换、风险对冲、风险补偿和风险控制。

确定企业整体风险偏好要考虑的因素包括：风险个体、相互关系、整体形状、行业等。企业可以采取统一制定的风险度量模型，对所采取的风险度量取得共识，允许对不同的风险采取不同的度量方法：最大可能损失、概率值、期望值、在险值。

习 题

一、名词解释

战略 总体战略 业务单位战略 职能战略 SWOT 分析 风险 风险管理 德尔菲法 风险规避 风险对冲 风险度量

二、判断题

1. 战略管理是企业高层管理的责任，和企业中层和基层无关。（　）
2. 战略管理的核心问题是要使企业获得最大利润。（　）
3. 总体环境中的法律政策因素反映了各种组织和政府之间是如何相互影响的。（　）
4. 市场渗透战略更多地需要企业采取更大的营销力度，以增加现有产品在现有市场的销售量。（　）
5. 当公司与竞争者在价格基础上竞争时，成本领先战略不是一种有价值的防御手段。（　）
6. SWOT 分析代表企业的优势、劣势、机会和目标。（　）
7. 战略风险只要预防到位，是完全可以避免的。（　）
8. 战略是指企业从全局考虑作出的长远性的谋划。（　）
9. 战略目标具有长久性，因而也具备相对稳定性。（　）
10. 战略调整一般包括调整企业的愿景、长期发展方向、战略目标和战略举措等。（　）
11. 战略实施，是指将企业的战略目标变成现实的管理过程。（　）
12. 企业风险，是指对企业战略与经营目标实现产生影响的不确定性。（　）
13. 企业风险管理工作可以代替企业内部控制工作。（　）
14. 风险管理就是如何在一个可能有风险的环境里把风险消除或减少的管理过程。（　）
15. 风险强度是指风险的影响程度，即风险值。（　）

16. 风险管理的效果一般采用费用效益比值法进行评价判断,即比值＝费用÷效益。（　　）

17. 风险控制是风险管理的首要环节。（　　）

18. 风险转移的主要形式有风险出售和风险抵押。（　　）

19. 风险值 $D=p \cdot C$,其中 p 表示风险发生的概率;C 表示风险可能造成的损失。（　　）

20. 风险发生可能性的纵坐标等级可定性描述为"不太可能""偶然可能""可能"和"很可能"。（　　）

21. 风险事前控制的目的是为了降低损失的概率,事中和事后的控制是为了减少实际发生的损失。（　　）

22. 风险的识别、预测和处理是企业风险管理的主要步骤。（　　）

23. 风险管理的目标就是不管采取何种代价也要降低企业的风险。（　　）

24. 良好的风险管理有助于降低决策错误的概率,避免损失,相对地提高企业本身的附加价值。（　　）

25. 企业风险管理的目标,就是将企业的总体风险和主要风险控制在企业风险容忍度范围之内。（　　）

三、单项选择题

1. 以下战略属于业务单位战略的是＿＿＿＿。
   A. 成长型战略　　　　　B. 稳定型战略
   C. 差异化战略　　　　　D. 收缩型战略

2. ＿＿＿＿是属于竞争战略层面,并归属于事业部门管理层的。
   A. 公司战略　　　　　B. 职能战略
   C. 业务单位战略　　　D. 战略层次

3. 从战略的计谋观来看,下列选项中属于战略的是＿＿＿＿。
   A. 当企业知道竞争对手正在制订提高市场份额的计划时,企业准备增加投资研发更尖端的产品
   B. 企业计划投产一种新的产品
   C. 企业预计扩大下年度的广告投入,以扩大市场份额
   D. 企业准备增加科研投入,对现有产品进行改造升级

4. 明确的战略并不能切实帮助企业＿＿＿＿。
   A. 进行资源配置决策　　　B. 更好地定位
   C. 设置目标　　　　　　　D. 节约成本

5. 研究和开发战略是＿＿＿＿。
   A. 总体战略　　B. 职能战略　　C. 经营单位战略　　D. 竞争战略

6. 战略管理会计重视企业与＿＿＿＿的关系。
   A. 职工　　B. 资金　　C. 内部因素　　D. 外部环境

7. 对一个国家的经济结构、产业布局、经济发展水平和未来经济发展趋势进行分析,这个内容属于_____。
   A. 经济环境分析　　　　　　B. 社会文化分析
   C. 自然环境分析　　　　　　D. 政治环境分析

8. 某公司由于受宏观经济环境的影响,原有业务出现大幅萎缩。为明确公司下一步发展方向,通过上下级管理人员的沟通和协商,制定出了适合企业发展的战略。该公司形成战略的方法是_____。
   A. 团队结合　　B. 自上而下　　C. 自下而上　　D. 上下结合

9. M公司是一家家具制造商,为了确定以后的战略,高层请人对公司进行了SWOT分析,经过分析,认为M公司外部面临巨大的机会,却受到内部劣势的限制,那么M公司应该采取的战略是_____。
   A. 增长型战略　　　　　　　B. 防御型战略
   C. 扭转型战略　　　　　　　D. 多元化战略

10. SWOT分析法是_____。
    A. 宏观环境分析技术　　　　B. 微观环境分析技术
    C. 内外部环境分析技术　　　D. 内部因素分析技术

11. 甲公司是一家日用洗涤品生产企业。甲公司在市场调研中发现,采购日用洗涤品的消费者主要是家庭主妇,他们对品牌的忠诚度不高,但对价格变动非常敏感。目前,甲公司主要竞争对手的各类产品与甲公司的产品大同小异。在这种市场条件下,最适合甲公司选择的业务单位战略是_____。
    A. 成本领先战略　　　　　　B. 差异化战略
    C. 集中化战略　　　　　　　D. 一体化战略

12. 战略管理理论的发源地是_____。
    A. 日本　　B. 中国　　C. 美国　　D. 英国

13. 某培训机构将高考培训班分成应届班和复读班。应届班针对当年参加高考的学生进行辅导,而复读班主要针对落榜考生进行辅导。该培训机构采取的战略属于_____。
    A. 公司层战略　　　　　　　B. 业务单位战略
    C. 职能战略　　　　　　　　D. 总体战略

14. 净化水设备的生产成为某国新兴行业,这对已有的桶装水行业构成了_____。
    A. 机会　　B. 威胁　　C. 优势　　D. 劣势

15. 风险是指_____。
    A. 损失的大小　　　　　　　B. 损失的分布
    C. 未来结果的不确定性　　　D. 收益的分布

16. 下列选项中,不属于风险控制基本方法的是_____。
    A. 风险回避　　B. 损失控制　　C. 风险转移　　D. 风险分担

17. 下列各种风险应对措施中,能够转移风险的是_____。

A. 业务外包　　　　　　　　　B. 多元化投资
C. 放弃亏损项目　　　　　　　D. 计提资产减值准备

18. 企业进行多元化投资，其目的之一是_____。
A. 追求风险　B. 消除风险　　C. 减少风险　　D. 接受风险

19. 某工厂的生产车间要生产一批货物，到仓库领用一批原材料，领用时由于工作人员看错单据，将领用1 000件看成了领用10 000件。在这种情况下，企业面临着_____。
A. 政治风险　B. 操作风险　　C. 项目风险　　D. 财务风险

20. 甲公司董事会对待风险的态度属于风险厌恶。为有效管理公司的信用风险，甲公司管理层决定将其全部的应收款项以应收总金额的80%出售给乙公司，由乙公司向有关债务人收取款项，甲公司不再承担有关债务人未能如期付款的风险。甲公司应对此项信用风险的策略属于_____。
A. 风险降低　B. 风险转移　　C. 风险保留　　D. 风险消除

21. 某集团管理层作出了风险应对措施决策。下列各项中，属于风险转换的是_____。
A. 提高信用标准防止坏账损失的扩大
B. 在本国和其他国家或地区进行投资，以便缓解和分散集中投资的风险
C. 为了获得质量更高的信息技术资源，将集团全部信息技术业务外包
D. 基于成本效益考虑，管理层认为不利事件发生的可能性低而且即使发生对企业影响也很小，决定接受风险

22. 在正常的市场条件下，在给定的时间段中，在给定的置信区间内，预期可能发生的最大损失。这种风险度量方法是_____。
A. 最大可能损失　　　　　　　B. 概率值
C. 期望值　　　　　　　　　　D. 在险值

23. 下列风险中，不属于市场风险的是_____。
A. 商品价格风险　　　　　　　B. 利率风险
C. 财务风险　　　　　　　　　D. 信用风险

24. 经测算，在采取相关风险缓解措施后，项目收益仍不能有效覆盖风险，因此甲公司决定放弃该项目。据此，该公司采用的风险应对策略是_____。
A. 风险承担　　　　　　　　　B. 风险规避
C. 风险转移　　　　　　　　　D. 风险对冲

25. 采用保险作为风险管理措施，属于风险应对策略中的_____。
A. 风险控制　　　　　　　　　B. 风险规避
C. 风险转移　　　　　　　　　D. 风险对冲

26. 某公司通过放松交易客户的信用标准扩大了销售，但增加了应收账款。其采用的风险管理策略是_____。
A. 风险控制　　　　　　　　　B. 风险转换
C. 风险转移　　　　　　　　　D. 风险对冲

27. 在风险评估系图中,风险对企业所产生的影响是影响风险评级的重要参数,另一个影响风险评级的重要参数是_____。
   A. 应对风险措施的成本　　B. 企业对风险的承受能力
   C. 企业对风险的偏好　　　D. 风险发生的可能性
28. 在评估备选的风险管理策略时,管理层首先应考虑的是_____。
   A. 该策略的风险管理能力　B. 特定风险的财务风险敞口
   C. 企业的风险偏好　　　　D. 为该风险设定上下限
29. 风险管理职能部门应以风险_____为依据确定经营层的重大风险,报企业风险管理决策机构批准后反馈给相关风险责任主体。
   A. 重要性等级结果　　　　B. 可能造成的损失程度
   C. 发生的可能性大小　　　D. 影响范围大小
30. 对于风险的评估应从_____的角度进行。
   A. 企业战略目标　　　　　B. 企业营运目标
   C. 企业盈利目标　　　　　D. 企业合法性目标

四、多项选择题

1. 财务战略包括_____。
   A. 投融资策略　　　　　　B. 科学设计收入与成本结构
   C. 科学配置资源　　　　　D. 财务支撑
2. 下列说法正确的有_____。
   A. 公司战略又称公司层战略
   B. 公司的二级战略常常被称作业务单位战略或竞争战略
   C. 公司战略可不分级
   D. 职能战略,又称职能层战略
3. 战略管理包括三个关键要素:_____。
   A. 战略分析　B. 战略选择　C. 战略制定　D. 战略实施
4. 企业战略按层次可分为_____。
   A. 总体战略　　　　　　　B. 公司战略
   C. 业务单位战略　　　　　D. 职能战略
5. 对企业的宏观环境进行分析,其主要内容包括_____。
   A. 政治制度　B. 法律制度　C. 文化环境　D. 人口环境
6. 战略分析需要考虑许多方面的问题,主要包括_____。
   A. 外部环境分析　　　　　B. 企业能力分析
   C. 内部环境分析　　　　　D. 竞争力分析
7. 关于企业战略的主要特征,下列表述中正确的有_____。
   A. 战略管理是各项管理活动的精髓
   B. 战略管理是企业的高层次管理

C. 战略管理事关全局须力求稳定
D. 战略管理的对象包括公司层战略、竞争战略和职能战略
8. 战略管理领域应用的管理会计工具方法包括_____。
A. 战略地图   B. 经济增加值
C. 平衡计分卡   D. 价值链管理
9. 企业对已发生的风险,可采取_____等策略。
A. 风险承担   B. 风险分担   C. 风险转移   D. 风险化解
10. 在实务中,人们从不同的角度对风险进行理解,一般来说,风险的定义主要可分为_____。
A. 从主观上来看,风险可定义为事件发生的不确定性
B. 从主观上来看,风险可定义为事件遭受损失的机会
C. 从客观上来看,风险可定义为事件发生的不确定性
D. 从客观上来看,风险可定义为事件遭受损失的机会
11. 风险管理领域应用的管理会计工具方法包括_____。
A. 风险矩阵   B. 风险清单
C. 风险规避   D. 风险评估
12. 风险管理的作用包括_____。
A. 可以识别风险   B. 可以控制风险
C. 可以规避风险   D. 可以消除风险
13. 风险评估包括的主要内容有_____。
A. 风险辨识   B. 风险分析
C. 风险评价   D. 风险应对
14. 下列关于风险应对策略的说法中,错误的有_____。
A. 风险补偿形式包括财务补偿、人力补偿和物资补偿等
B. 风险对冲可适用于单一风险和组合风险
C. 风险转换通常会降低企业的总风险
D. 禁止员工访问竞争对手的网站属于风险规避

五、简答题

1. 什么是战略?企业战略可分为哪几个层次?
2. 企业如何用SWOT法进行战略分析?
3. 什么是风险?企业外部风险包括哪些方面?
4. 什么是风险管理?风险管理有哪些特征?
5. 简述风险管理的技术与方法。
6. 简述风险管理策略的工具。
7. 风险度量方法包括哪些?
8. 在确定风险管理的优先顺序时需要考虑哪些因素?

案 例

案例 9-1

由于全球金融危机,电脑制造行业进行了行业内的分析,统计数据表明,该行业内市场占有率前五名的企业为 A、B、C、D、E,市场占有率分别为 29％、25％、21％、15％和 10％。其中 E 公司为制定自身的发展战略,采用著名的五力模型对行业的竞争结构进行了分析,其分析的内容如下:

首先,电脑制造行业属于技术和资本双重密集型的行业,其竞争者既包括国外的著名品牌也包括国内的著名品牌,行业的新进入者也来自国内、国外。对于国外进入者,政府制定了一系列的政策对该行业进行保护,但由于国内市场巨大,新进入者不断增加。

其次,在现有的行业竞争中,各个企业所提供的产品差异性越来越小,顾客在购买时选择也变得越来越多。

再次,电脑制造行业更新换代极快,市场上出现了具有更高性能的同类产品,新产品的价格略高于市场上已有的传统产品。

最后,E 公司的产品原料供应商集中于少数几家,而且这些原材料并没有替代品。

E 公司的管理层不仅运用五力模型对自身进行分析,还对其内部和外部因素进行了分析:

E 公司认识到,当前状况下自身具有强大的研发能力,这是电脑制造行业最关键的竞争力,这种能力与其先进的生产设备的支持是分不开的。E 公司现有的产品在市场上认可度很好,性能和质量都处于上游水平。目前,对于高科技行业政府有较多的政策扶持,也为其提供了宽松的金融环境,这些都为电脑制造业的不断前进和发展增加了动力。

但是,虽然整体来看 E 公司的发展良好,但其管理层仍清醒认识到目前公司内部管理上的不完善,很多内部政策实施不利造成员工的积极性有所懈怠,更因其销售渠道的问题,导致产品存在一定程度的积压,销售的不利转而在财务上体现为流动资金的紧张。由于原材料只由少数几家供应商提供,现在因某些问题,一些供应商不再提供原材料,同时购买商不断拖延货款,E 公司管理层十分苦恼。

问题:

1. 请回答 E 公司面临的情况分别是五力模型中的哪几个方面,并说明各个因素对该行业竞争强度的影响是增强还是减弱。
2. 根据 E 公司内外部因素情况,运用 SWOT 方法进行分析。
3. 指出 E 公司应选择何种战略。

案例 9-2

2008年12月25日,河北省石家庄市政府举行新闻发布会,通报三鹿集团股份有限公司破产案处理情况,三鹿牌婴幼儿配方奶粉重大食品安全事故发生后,三鹿集团于2008年9月12日全面停产。截至2008年10月31日财务审计和资产评估,三鹿集团总资产为15.61亿元,总负债为17.62亿元,净资产为-2.01亿元。

经中国品牌资产评价中心评定,价值高达149.07亿元的三鹿品牌资产灰飞烟灭。

反思"三鹿毒奶粉"事件,我们不难发现,造成三鹿悲剧的三聚氰胺只是个导火索,而背后的运营风险管理失控才是真正的罪魁祸首。

对于乳业企业而言,要实现产能的扩张,就要实现对奶源的控制。为了不丧失对奶源的控制,三鹿集团有些时候接受了质量低下的原奶。据了解,三鹿集团在石家庄收奶时对原奶要求比其他企业低。

另外,三鹿集团大打价格战以提高销售额,以挤压没有话语权的产业链前端环节利润。尽管三鹿集团的销售额从2005年的74.53亿元激增到2007年的103亿元,但是其从未将公司与上游环节进行有效的利益捆绑,因此,上游企业要想保住利润,就必然会牺牲奶源质量。

作为与人们生活饮食息息相关的乳制品企业,本应加强奶源建设充分保证奶源质量,然而在实际经营过程中,三鹿集团仍将大部分资源聚焦到了保证原奶供应上。

三鹿集团"奶牛+农户"饲养管理模式在执行中存在重大风险。乳业在原奶及原料的采购上主要有四种模式,分别是牧场模式(集中饲养一百头以上奶牛统一采奶运送)、奶牛养殖小区模式(由小区业主提供场地,奶农在小区内各自喂养自己的奶牛,由小区统一采奶配送)、挤奶厅模式(由奶农各自散养奶牛,到挤奶厅统一采奶运送)、交叉模式(是前面三种模式交叉)。三鹿集团的散户奶源比例占到一半,且形式多样,要实现对数百个奶站的原奶生产、收购、运输环节实时监控已是不可能的任务,只能依靠最后一关的严格检查,加强对蛋白质等指标的检测,但如此一来,反而滋生了不少的舞弊手段。

但是三鹿集团的反舞弊监管不力。企业负责奶源收购的工作人员往往被奶站"搞定"了,这样就形成了行业"潜规则"。不合格的奶制品流向了市场。

另外,三鹿集团对贴牌生产的合作企业监控不严,产品质量风险巨大。贴牌生产,能迅速带来规模的扩张,可也给三鹿产品质量控制带来了风险。至少在个别贴牌企业的管理上,三鹿集团的管理并不严格。

2007年底,三鹿集团已经先后接到农村偏远地区反映,称食用三鹿婴幼儿奶粉后,婴儿尿液中出现颗粒。2008年6月中旬,又曝出婴幼儿患肾结石去医院治疗的信息。于是三鹿集团于7月24日将16个样品委托河北出入境检验检疫技术中心进行检测,并在8月1日得到了令人胆寒的结果。

与此同时,三鹿集团并没有对奶粉问题进行公开,而是由原奶事业部、销售部、传媒部各自分工,试图通过奶源检查、产品调换、加大品牌广告投放和宣传软文,将"三鹿""肾结石"的关联封杀于无形。

2008年7月29日,三鹿集团向各地代理商发送了《婴幼儿尿结晶和肾结石问题的解释》,要求各终端以天气过热、饮水过多、脂肪摄取过多、蛋白质过量等理由安抚消费者。

而对于经销商,三鹿集团也同样采取了糊弄的手法,隐瞒事实,造成了不可挽回的局面。从2008年7月10日到8月底的几轮回收过程中,三鹿集团从未向经销商公开产品质量问题,而是以更换包装和新标识进行促销为理由,导致经销商响应者寥寥无几。召回迟缓与隐瞒真相耽搁了大量时间。大规模调货引起了部分经销商对产品质量的极大怀疑,可销售代表拍着胸脯说,质量绝对没有问题。在2008年8月18日,一份标注为"重要、精确、紧急"的文件传给经销商,三鹿集团严令各地终端货架与仓库在8月23日前将产品调换完毕,但仍未说明换货原因。调货效果依然不佳,"毒奶粉"仍在流通。

而三鹿集团的外资股东新西兰恒天然在2008年8月2日得知情况后,要求三鹿集团在最短时间内召回市场上销售的受污染奶粉,并立即向中国政府有关部门报告。

2008年9月事件曝光后,国务院责成河北省政府对三鹿集团作出停产的命令。国家全面调查三鹿奶粉污染事件。2008年9月17日国家质检总局发布公告,决定撤销三鹿集团免检资格和名牌产品称号。2009年2月12日,石家庄市中级人民法院发出民事裁定书,正式宣布三鹿集团破产。

三鹿集团缺乏足够的协调应对危机的能力。在危机发生后,面对外界的质疑和媒体的一再质问,仍不将真实情况公布,引发了媒体的继续深挖曝光,造成消费者对其产品的消费信心已被摧毁且不可恢复。

问题:

三鹿集团存在哪些风险?可采取哪些应对措施?

项目十 责任会计与绩效管理

学 习 指 导

一、学习目的与要求

通过本项目的学习,要求学生掌握责任中心的种类、特征和考核标准;掌握责任会计的内容及建立责任会计制度应遵循的原则;熟悉内部转移价格的类型、制定方法和适用范围;了解责任会计的概念;了解责任预算、业绩考核与责任报告之间的关系;了解绩效管理的内容与作用;掌握绩效管理的工具运用;了解管理会计报告的概念与分类,熟悉管理会计报告的特点与编制原则,掌握管理会计报告的编制流程。

二、重、难点问题

(1) 成本中心的设置与考核。
(2) 利润中心的设置与考核。
(3) 投资中心的设置与考核。
(4) 制定内部转移价格的原则。
(5) 内部转移价格的类型及其适用范围。
(6) 绩效管理的内容与作用。
(7) 绩效管理的工具运用。
(8) 管理会计报告分类、特点与编制原则。
(9) 管理会计报告的编制流程。

三、内容提要

责任中心是指具有一定的管理权限,并承担相应的经济责任的企业内部责任单位。责任中心按其责任权限范围及其业务活动特点的不同,可分为成本中心、利润中心和投资中心三大类。

成本中心是只对成本负责的责任中心。只要有费用支出的地方,就可以建立成本中心。上至企业整体,下至车间、工段、班组甚至个人都可以作为成本中心。构成一个成本中心责任成本的是该中心的全部可控成本之和。

成本中心控制和考核责任成本的方法,是指以事先编制的责任成本预算为基础,通过提交责任报告,将责任中心实际发生的责任成本与其责任成本预算进行比较。实际数大于预算数的差异是不利差异,实际数小于预算数的差异是有利差异。

利润中心是既能控制成本、又能控制收入的责任中心,它是处于比成本中心高一层次的责任中心。一个利润中心通常包括若干个不同层次的下属成本中心。利润中心对利润负责,其实质是对收入和成本负责。利润中心业绩评价和考核的重点是贡献毛益和利润。但处于不同层次的利润中心,其贡献毛益和利润指标的表现形式也不相同,具体有部门边际贡献、部门经理边际贡献、部门贡献、公司税前利润四种形式。因此,在运用各种利润指标时要注意分清利润中心的层次。

投资中心是既对成本、利润负责,又对投资效果负责的责任中心,它是比利润中心更高层次的责任中心。投资中心拥有投资决策权和经营决策权。投资中心评价与考核的内容是利润及投资效果,反映投资效果的指标主要是投资报酬率和剩余收益。

内部转移价格是指企业办理内部交易结算和内部责任结转所使用的价格。内部转移价格所涉及的交易方式是用于同一个企业中的生产部门或责任中心。制定适当的内部转移价格有助于明确划分责任中心的经济责任。

绩效管理,是指各级管理者和员工为达成组织共同目标,通过共同参与计划制订、辅导沟通、考核评价、结果运用,来持续提升组织、部门和个人绩效的持续循环过程。绩效管理工具主要包括:360度考核法、目标管理法(MBO)、关键绩效指标法(KPI)、经济增加值法(EVA)、平衡记分卡法(BSC)等。

管理会计报告是指运用管理会计方法,在对常规的财务和业务工作基础信息加工整理的基础上编制的系统性报告。管理会计报告按照管理会计功能可分为管理规划报告、管理决策报告、管理控制报告和管理评价报告。

管理会计报告必须要遵循相关性原则、及时性原则、清晰易行性原则。公司在实际运营与管理过程中的管理会计报告流程包括:规划层次、确定内容、制定模板、沟通与培训、利用信息技术。

习　　题

一、名词解释

责任会计　责任中心　成本中心　利润中心　投资中心　投资报酬率　剩余收益　内部转移价格　绩效管理　经济增加值　管理会计报告

二、判断题

1. 利润中心是既对成本负责,同时又对收入和利润负责的责任中心。　　(　　)
2. 对投资中心一般采用销售利润率指标进行业绩评价与考核。　　(　　)

3. 投资中心必然是利润中心。（ ）
4. 企业职工个人不能构成责任实体，因而不能成为责任控制体系中的责任中心。（ ）
5. 可以计算其利润的组织单位，是真正意义上的利润中心。（ ）
6. 为了便于评价、考核各责任中心的业绩，对一个责任中心提供给另一责任中心的产品，其供应方和使用方所采用的转移价格可以不同。（ ）
7. 某责任中心有权决定是否使用某种资产，该责任中心就应对这种资产的成本负责。（ ）
8. 同一个成本项目，对有的部门来说是可控的，而对另一些部门则可能是不可控的。也就是说，成本的可控与否是相对的，而不是绝对的。（ ）
9. EVA不仅衡量过程，还直接关注投资者创造价值。（ ）
10. 平衡计分卡平衡了长期与短期、外部与内部指标的关系，确保持续发展。（ ）
11. 管理会计报告是一种为企业价值管理和决策支持所需要的内部报告。（ ）
12. 战略层管理会计报告的报告对象是企业的经营管理层。（ ）

三、单项选择题

1. 责任会计的主体是_____。
   A. 管理部门　　　B. 责任中心　　　C. 销售部门　　　D. 生产中心
2. 投资中心的利润与其投资额的比率是_____。
   A. 内含报酬率　　B. 剩余收益　　　C. 部门贡献毛益　D. 投资报酬率
3. 责任会计确定责任成本最重要的原则是_____。
   A. 可避免性　　　B. 因果性　　　　C. 可控性　　　　D. 变动性
4. 成本中心的责任成本是指该中心的_____。
   A. 固定成本　　　　　　　　　　　B. 产品成本
   C. 可控成本之和　　　　　　　　　D. 不可控成本之和
5. 下列项目中，不属于利润中心责任范围的是_____。
   A. 成本　　　　　B. 收入　　　　　C. 利润　　　　　D. 投资效果
6. 以获取最大净利为目标的组织单位是_____。
   A. 责任中心　　　B. 成本中心　　　C. 利润中心　　　D. 投资中心
7. 对于成本中心，考核的主要内容是_____。
   A. 标准成本　　　　　　　　　　　B. 可控制成本
   C. 直接成本　　　　　　　　　　　D. 可变成本
8. 为了使部门经理在决策时与企业目标协调一致，应该采用的评价指标为_____。
   A. 投资报酬率　　B. 剩余收益　　　C. 现金回收率　　D. 销售利润率

9. 在以成本作为内部转移价格制定基础时,如果产品的转移涉及利润中心或投资中心,下列方法中能够采用的只能是_____。
   A. 标准成本法　　　　　　　　B. 变动成本法
   C. 实际成本法　　　　　　　　D. 标准成本加成法

10. 某公司某部门的有关数据为:销售收入为50 000元,已销产品的变动成本和变动销售费用为30 000元,可控固定间接费用为2 500元,不可控间接固定费用为3 000元,分配的公司管理费用为1 500元。那么,该部门利润中心负责人的可控利润为_____元。
    A. 20 000　　　B. 17 500　　　C. 14 500　　　D. 10 750

11. 绩效管理领域应用的管理会计工具方法包括_____。
    A. 本量利分析　　　　　　　　B. 平衡计分卡
    C. 标杆管理　　　　　　　　　D. 项目管理

12. _____是绩效管理中的一个环节。
    A. 预算管理　　B. 预算分析　　C. 风险分析　　D. 绩效考核

13. 管理会计报告模块应与_____相关联,既能有效生成企业整体报告,也能生成分部报告,并实现整体报告和分部报告的联查。
    A. 财务报告系统　　　　　　　B. 成本管理模块
    C. 投资管理模块　　　　　　　D. 绩效管理模块

14. 下列关于管理会计报告的说法中,正确的是_____。
    A. 管理会计报告的内容是根据会计准则确定的
    B. 管理会计报告的内容是根据企业需要确定的
    C. 管理会计报告的内容是根据企业管理制度确定的
    D. 管理会计报告的的内容是根据外部使用的需要确定的

15. 以下不属于经营层管理会计报告的是_____。
    A. 全面预算管理报告　　　　　B. 投资分析报告
    C. 战略评价报告　　　　　　　D. 项目可行性报告

四、多项选择题

1. 建立责任会计应遵循的基本原则有_____。
   A. 反馈原则　　B. 可控性原则　　C. 责、权、利相结合原则
   D. 统一性原则　　E. 激励原则

2. 责任中心按其所负责任和控制范围的不同,分为_____。
   A. 成本中心　　B. 费用中心　　C. 投资中心　　D. 收入中心
   E. 利润中心

3. 责任中心考核的指标包括_____。
   A. 可控成本　　B. 产品成本　　C. 利润　　D. 投资报酬率
   E. 剩余收益

4. 对投资中心考核的重点有_____。
   A. 边际贡献　　　B. 销售收入　　　C. 营业利润　　　D. 投资报酬率
   E. 剩余收益
5. 利润中心分为_____。
   A. 自然利润中心　　B. 人为利润中心　　C. 实际利润中心
   D. 预算利润中心　　E. 标准利润中心
6. 成本中心可以是_____。
   A. 车间　　　B. 个人　　　C. 工段　　　D. 班组
   E. 分厂
7. 按管理侧重点划分,绩效管理可分为_____和_____。
   A. 激励型绩效管理　　　　　B. 价值创造型绩效管理
   C. 管控型绩效管理　　　　　D. 成本控制型绩效管理
8. 平衡计分卡的层面包括_____。
   A. 财务层面　　　　　　　　B. 客户层面
   C. 内部流程层面　　　　　　D. 学习与成本层面
9. 管理会计报告按其功能可分为_____。
   A. 管理规划报告　　　　　　B. 管理决策报告
   C. 管理控制报告　　　　　　D. 管理评价报告
10. 下列项目中,不属于业务层管理会计报告对象的有_____。
    A. 总经理　　　　　　　　　B. 业务部门
    C. 股东大会　　　　　　　　D. 生产车间或班组

五、简答题

1. 简述责任会计制度的构成。
2. 简述建立责任会计制度应遵循的原则。
3. 如何评价投资中心的经营业绩?
4. 什么是平衡计分卡? 平衡计分卡有何优缺点?
5. 什么是绩效管理? 绩效管理有哪些作用?

项 目 实 训

项目实训10-1:投资利润率及剩余收益的计算

一、资料

某集团公司下设 A、B 两个投资中心。A 中心的投资额为500万元,投资利润率为12%;B 中心的投资利润率为15%,剩余收益为30万元;集团公司要求的平均投资利润率为10%。集团公司决定追加投资200万元,若投向 A 公司,每年增加利润25万元;若投向 B 公司,每年增加利润30万元。

二、要求

计算如下指标：

(1) 追加投资前 A 中心的剩余收益。

(2) 追加投资前 B 中心的投资额。

(3) 追加投资前集团公司的投资利润率。

(4) 若 A 中心接受追加投资，其剩余收益。

(5) 若 B 中心接受追加投资，其投资利润率和剩余收益。

项目实训 10-2：公司业绩分析与评价

一、资料

P 公司有三个业务类似的投资中心，使用相同的预算进行控制，其 2021 年的有关资料如表 10-1 所示。

表 10-1　　　　　　　P 公司 2021 年资料　　　　　单位：元

项　　目	预算数	实际数 A 部门	实际数 B 部门	实际数 C 部门
销售收入	200	180	210	200
营业利润	18	19	20	18
营业资产	100	90	100	100

在年终进行业绩评价时，董事会对三个部门的评价发生分歧：有人认为 C 部门全面完成预算，业绩最佳；有人认为 B 部门销售收入和营业利润均超过预算，并且利润最大，应是最好的；还有人认为 A 部门利润超过预算并节省了资金，是最好的。假设该公司资金成本为 16%。

二、要求

对 P 公司三个部门的业绩进行分析和评价。

项目实训 10-3：经济增加值的计算

一、资料

某公司以经济增加值为目标，确定明年增加值为 2 000 万元，目前在进行的 2022 年财务规划如下：

2021 年公司实现销售收入 20 000 万元，净利润 2 000 万元，平均资产总额 8 000 万元，平均无息流动负债 800 万元。

2022 年预计实现销售收入增长 10%，销售净利润、资产周转率不变，而且平均无息流动负债与销售收入比例不变，拟投入研发费用 500 万元。

目前资产负债率为 60%，负债的平均利率（利息÷负债）为 5%，所得税税率为 25%，加权平均资本成本率为 10%。

二、要求

预测 2022 年的经济增加值，并分析是否能实现既定目标。

案　　例

案例 10-1

华龙集团是一家大型企业，拥有子公司 30 余家，生产的产品畅销国内外，出口创汇能力和产品竞争力及其国内市场占有率均居行业首位。自 20 世纪 80 年代初以来，该集团先后实行了利改税、资产经营责任制、承包制、租赁制等，可以说中国工业企业曾经尝试过的各种改革方案，在该集团都有迹可循。20 世纪 90 年代初按照分权管理原则在各分厂实行责任会计制度。

该集团主要采取横向组织结构，如图 10-1 所示。

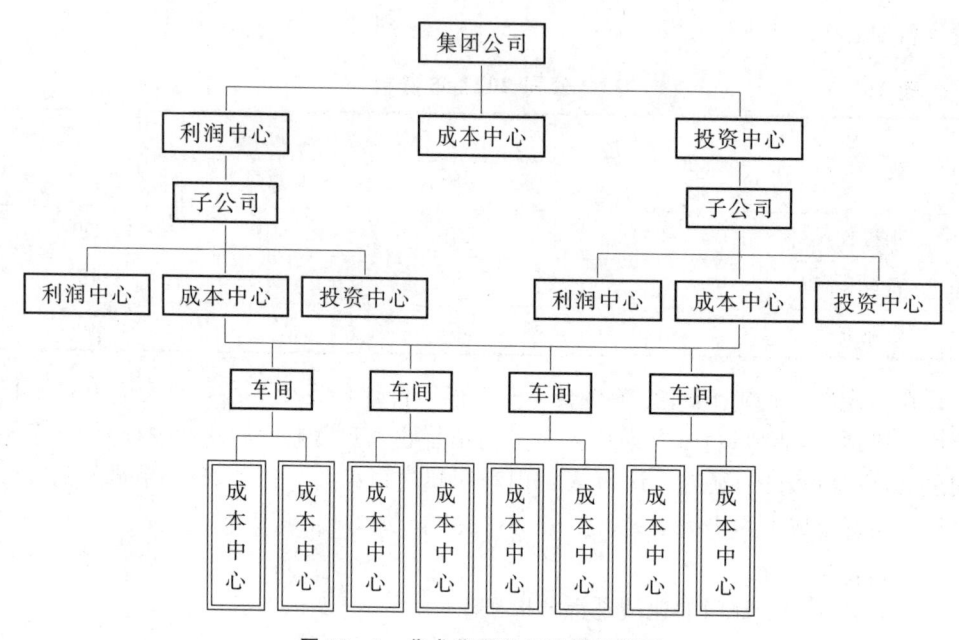

图 10-1 华龙集团组织结构示意图

该集团所属某子公司将责任成本与产品成本核算有机结合起来，以贯彻经济责任制要求。在责任成本结转上采用逐步结转法，其特点是按计划单位成本或内部转账的协商成本转账，将成本差异在各步骤间分摊调整集中在公司完成，即将各成本中心的成本差异额称为内部利润，在已销商品和库存商品间分配，最后可按产品的计划成本构成进行成本还原。

采用此种方法其计算步骤为：

1. 各责任中心按成本项目收集其实际费用发生额，编制费用分配表

原材料、燃料、动力及工具等费用项目应按实际消耗数量和计划价格计算（亦即通常所说的计划价格成本），因为上述各项价格差异非各生产步骤所能控制，也就没有必要将价格差异结转到该责任中心。人工成本可以按实际工资计算，也可以按以实际工时、计划工资率计算得到的"计划价格成本"计算，应该采

用哪种成本,要根据工资基金和职工人数的控制权来决定。如果责任中心的经营者能够选择符合自己经营意图的劳动要素,就可以不按计划价格成本计算,而应按实际成本计算;反之,则应按计划价格成本计算。其他间接性制造费用应按实际发生数汇总。

按生产费用"实际"(有一部分是计划价格成本)发生额编制的费用分配汇总表是以本期投产量为基础的,为了确定本期完工产品的"实际成本",应以期末投产量为基础,将期末在产品应负担的份额从各项费用分配表中扣除。对在产品成本的估价可参考传统的估价方法来进行,通常可按定额成本计算,一切成本差异都由完工产品成本负担。

各项费用分配表的格式与一般生产费用分配表相同,只是不进行价格差异调整。曙光分厂第一车间间接材料费用分配汇总表如表 10-2 所示,其他车间的各种费用分配表不再列示。

表 10-2　　　　曙光分厂第一车间间接材料费用分配汇总表

材料名称	单价/(元/千克)	产品甲(3 800 台) 消耗量/千克	产品甲 金额/元	产品乙(4 000 台) 消耗量/千克	产品乙 金额/元	产品丙(400 台) 消耗量/千克	产品丙 金额/元	合计 消耗量/千克	合计 金额/元
A	0.2	1 400 000	280 000	1 760 000	352 000	1 065 000	213 000	4 225 000	845 000
B	0.1	916 000	91 600	1 320 000	132 000	1 200 000	120 000	3 436 000	343 600
C	0.9	46 000	41 400	42 000	37 800	48 000	43 200	136 000	122 400
D	0.8	20 000	16 000	21 200	16 960	18 000	14 400	59 200	47 360
E			84 000		176 000		115 460		375 460
合计			513 000		714 760		506 060		1 733 820
在产品成本			33 592		101 880		14 528		150 000
结转完工产品成本			479 408		612 880		491 532		1 583 820

2. 编制各费用项目的计划成本计算表

计划成本计算表反映的是以实际产量为基础计算的计划成本或绩效预算成本,亦即厂部下达的成本控制指标。各费用项目计划成本可按下列公式进行计算:

$$直接材料计划成本 = \sum (计划单价 \times 各种材料的消耗定额 \times 实际产量)$$

$$直接人工计划成本 = 计划小时工资率 \times 产品工时定额$$

例如,曙光分厂第一车间直接材料计划成本表如表 10-3 所示。

表 10-3　　　　曙光分厂第一车间直接材料计划成本表

材料名称	甲产品(3 800 台) 单台成本/元	甲产品 消耗定额/件	甲产品 总金额/元	乙产品(4 000 台) 单台成本/元	乙产品 消耗定额/件	乙产品 总金额/元	丙产品(400 台) 单台成本/元	丙产品 消耗定额/件	丙产品 总金额/元	合计 消耗总量/件	合计 计划成本/元
A	72.00	360	273 600	80.00	400	320 000	616.00	3 080	246 400	4 200 000	840 000
B	24.00	240	91 200	30.00	300	120 000	272.00	2 720	108 800	3 200 000	320 000
C	10.80	12	41 040	9.00	10	36 000	77.40	86	30 960	120 000	108 000
D	4.00	5	15 200	4.00	5	16 000	42.00	52.5	16 800	60 000	48 000
E	22.00		83 600	40.00		160 000	291.00		116 400		360 000
计划成本合计	132.80		504 640	163.00		652 000	1 298.40		519 360		1 676 000
计划价格合计	126.16		479 408	153.32		612 880	1 228.83		491 532		1 583 820
成本节约额	6.64		91 000			39 120	69.57		27 828		92 180

表 10-3 中各种材料的消耗定额应与计划成本保持一致,材料单价和单台金额都应与成本计划相同,只是各种产品的计划成本是按实际产量计算的。成本节约额是计划价格成本与计划成本的差额,即根据表 10-3 所计算的计划成本与表 10-2 材料分配汇总表所结转的产成品的计划价格成本来确定。

问题:
综合上述资料,分析建立责任会计制度应遵循哪些原则。

案例资料来源:
刘继伟、于树彬、甘永生,管理会计,高等教育出版社。

主要参考文献

[1] 管理会计基本指引:财政部文件.
[2] 管理会计应用指引:财政部文件.
[3] 企业产品成本核算制度(试行):财政部文件.
[4] 胡玉明.管理会计应用指引详解与实务[M].北京:经济科学出版社,2018.
[5] 刘运国.管理会计学[M].2版.北京:中国人民大学出版社,2014.
[6] 王红珠,邵敬浩.管理会计[M].北京:北京大学出版社,2013.
[7] 财政部会计资格评价中心.高级会计实务[M].北京:经济科学出版社,2021.
[8] 贺志东.管理会计操作指南[M].北京:电子工业出版社,2017.

郑重声明

高等教育出版社依法对本书享有专有出版权。任何未经许可的复制、销售行为均违反《中华人民共和国著作权法》，其行为人将承担相应的民事责任和行政责任；构成犯罪的，将被依法追究刑事责任。为了维护市场秩序，保护读者的合法权益，避免读者误用盗版书造成不良后果，我社将配合行政执法部门和司法机关对违法犯罪的单位和个人进行严厉打击。社会各界人士如发现上述侵权行为，希望及时举报，我社将奖励举报有功人员。

反盗版举报电话　（010）58581999　58582371
反盗版举报邮箱　dd@hep.com.cn
通信地址　北京市西城区德外大街4号　高等教育出版社法律事务部
邮政编码　100120

教学资源服务指南

仅限教师索取

感谢您使用本书。为方便教学,我社为教师提供资源下载、样书申请等服务,如贵校已选用本书,您只要关注微信公众号"高职财经教学研究",或加入下列教师交流QQ群即可免费获得相关服务。

"高职财经教学研究"公众号

资源下载:点击"**教学服务**"—"**资源下载**",或直接在浏览器中输入网址(http://101.35.126.6/),注册登录后可搜索相应的资源并下载。(建议用电脑浏览器操作)
样书申请:点击"**教学服务**"—"**样书申请**",填写相关信息即可申请样书。
试卷下载:点击"**教学服务**"—"**试卷下载**",填写相关信息即可下载试卷。
样章下载:点击"**教材样章**",即可下载在供教材的前言、目录和样章。
师资培训:点击"**师资培训**",获取最新会议信息、直播回放和往期师资培训视频。

联系方式

会计QQ3群:473802328　　会计QQ2群:370279388　　会计QQ1群:554729666
(以上3个会计QQ群,加入任何一个即可获取教学服务,请勿重复加入)
联系电话:(021)56961310　　电子邮箱:3076198581@qq.com

在线试题库及组卷系统

我们研发有10余门课程试题库:"基础会计""财务会计""成本计算与管理""财务管理""管理会计""税务会计""税法""审计基础与实务"等,平均每个题库近3000题,知识点全覆盖,题型丰富,可自动组卷与批改。如贵校选用了高教社沪版相关课程教材,我们可免费提供给教师每个题库生成的各6套试卷及答案(Word格式难中易三档,索取方式见上述"试卷下载"),教师也可与我们联系咨询更多试题库详情。